C'est parti !

Méthode de français

A1

Vincent CHARDONNEREAU
Grégory SCHMITT

SURUGADAI-SHUPPANSHA

音声について

本書の音声は，下記サイトより無料でダウンロード，およびストリーミングでお聴きいただけます．

https://stream.e-surugadai.com/books/isbn978-4-411-00932-6/

弊社 HP から『セ・パルティ！』を検索し，「音声無料ダウンロード＆ストリーミング専用サイトはこちら」からも同ページにアクセスできます．

＊ご注意
- PC およびスマートフォン（iPhone や Android）から音声を再生いただけます．
- 音声は何度でもダウンロード・再生いただくことができます．
- 当音声ファイルのデータにかかる著作権・その他の権利は駿河台出版社に帰属します．無断での複製・公衆送信・転載は禁止されています．

このマークはリスニングの練習問題（Compréhension orale）の印です．ぜひ挑戦してみて下さい！

このマークは関連ある表現につけました．セットで覚えましょう．

Avant-propos

C'est parti !

C'est parti ! est une méthode qui s'adresse à des débutants complets, adultes ou grands adolescents et qui couvre le niveau A1 du *Cadre européen commun de référence pour les langues* (CECRL).

Elle a pour objectif de vous permettre d'entrer dans la langue française et de vous exprimer en français dans des situations de la vie quotidienne.

Le livre comporte 23 leçons découpées en 2 situations dont chacune intègre un dialogue, un ou plusieurs points grammaticaux, une liste de vocabulaire et d'expressions, des exercices variés ainsi que des exercices de compréhension orale.

C'est parti ! は全くの初心者を対象とした入門教科書です．ヨーロッパ言語共通参照枠（CEFR）のA1レベルに対応しています．日常的なシチュエーションでフランス語を使って表現できるようになることを目的としています．本書には23課のレッスンがあり，それぞれ2つのシチュエーションに分かれていて，各シチュエーションには会話，文法事項，語彙と表現のリスト，また様々な練習問題とリスニング問題が含まれています．

VINCENT CHARDONNEREAU   GRÉGORY SCHMITT

Table des matières

Avant-propos   p.3
Table des matières   p.4
Alphabet   p.5
Prononciation   p.6
Nombres   p.7

Leçon 1 - Enchanté   p.8
Le verbes « aller, être »

Leçon 2 - Je me présente   p.12
Les verbes « -ER », qui est-ce ?

Leçon 3 - Vous parlez français ?   p.16
Le verbe « être » et les verbes « -ER »

Leçon 4 - J'adore ça   p.20
Le verbe « aimer », la négation

Leçon 5 - Vous avez des enfants ?   p.24
Le verbe « avoir »

Leçon 6 - Vous allez où ?   p.28
Les adjectifs possessifs

Leçon 7 - Qu'est-ce que c'est ?   p.32
C'est, il y a, les adjectifs

Leçon 8 - J'ai une belle maison blanche   p.36
L'accord des adjectifs

Leçon 9 - Je vais en France, à Paris   p.40
Les prépositions

Leçon 10 - Je ne sais pas   p.44
Les verbes « savoir, pouvoir, vouloir »

Leçon 11 - C'est à quelle heure ?   p.48
Les heures, le verbe « devoir »

Leçon 12 - Et avec ceci ?   p.52
Le prix, les nombres ordinaux

Leçon 13- Il pleut aujourd'hui ?   p.56
La météo, les verbes « prendre, mettre »

Leçon 14 - C'est au troisième étage   p.60
Les prépositions de lieu, le pronom « Y »

Leçon 15 - On se prépare   p.64
Les verbes pronominaux

Leçon 16 - Elle est plus grande que moi   p.68
Les comparatifs

Leçon 17 - Tu as passé une bonne journée ?   p.72
Le passé composé avec « avoir »

Leçon 18 - Ils sont restés trois jours   p.76
Le passé composé avec « être »

Leçon 19 - Je fais du sport   p.80
Les partitifs, le pronom « EN »

Leçon 20 - Mets un peu de sucre   p.84
Les quantités, la fréquence

Leçon 21 - Avez-vous déjà voyagé en Europe ?   p.88
L'interrogation

Leçon 22 - Tu les as, tes clés ?   p.92
Les pronoms compléments direct et indirect

Leçon 23 - Bonnes vacances !   p.96
Le futur proche et le passé récent

Exercices supplémentaires   p.100
Transcriptions Compréhension Orale   p.105

Annexes
- Les heures / les jours / les mois / les saisons   p.119
- La chronologie / l'interrogation   p.120
- Les pronoms et les adjectifs possessifs   p.121
- Tableaux de conjugaison   p.122
- Carte de la France et la francophonie   p.124

 piste 2

L'alphabet français

A B C D E F G H I J K L M
N O P Q R S T U V W X Y Z

a b c d e f g h i j k l m
n o p q r s t u v w x y z

*A B C D E F G H I J K L M
N O P Q R S T U V W X Y Z*

*a b c d e f g h i j k l m
n o p q r s t u v w x y z*

é è ê ë î ï à â ô û ù ç œ æ

 piste 3

[注意すべき母音字の発音]

ou / où jour vous	soir moi noix	bleu deux ⚠ heure
fille famille vanille	travail détail taille	soleil bouteille sommeil
dos / piano allô / hôtel gâteau / beau chaud / animaux	café / thé avez / chez habiter / cahier violet / ticket	mère / pâtissière crêpe / pêche éclair / fraise treize / neige

dans chambre vent temps	chemin train impossible plein sympa lundi	bonjour avion nombre pompier

[注意すべき子音字の発音]

chocolat blanche cochon	téléphone dauphin phrase	montagne champignon signature

Les nombres

 piste 4

0 zéro	10 dix	20 vingt	30 trente	40 quarante	50 cinquante	60 soixante	70 soixante-dix	80 quatre-vingts	90 quatre-vingt-dix
1 un	11 onze	21 vingt et un	31 trente et un	41 quarante et un	51 cinquante et un	61 soixante et un	71 soixante et onze	81 quatre-vingt-un	91 quatre-vingt-onze
2 deux	12 douze	22 vingt-deux	32 trente-deux	42 quarante-deux	52 cinquante-deux	62 soixante-deux	72 soixante-douze	82 quatre-vingt-deux	92 quatre-vingt-douze
3 trois	13 treize	23 vingt-trois	33 trente-trois	43 quarante-trois	53 cinquante-trois	63 soixante-trois	73 soixante-treize	83 quatre-vingt-trois	93 quatre-vingt-treize
4 quatre	14 quatorze	24 vingt-quatre	34 trente-quatre	44 quarante-quatre	54 cinquante-quatre	64 soixante-quatre	74 soixante-quatorze	84 quatre-vingt-quatre	94 quatre-vingt-quatorze
5 cinq	15 quinze	25 vingt-cinq	35 trente-cinq	45 quarante-cinq	55 cinquante-cinq	65 soixante-cinq	75 soixante-quinze	85 quatre-vingt-cinq	95 quatre-vingt-quinze
6 six	16 seize	26 vingt-six	36 trente-six	46 quarante-six	56 cinquante-six	66 soixante-six	76 soixante-seize	86 quatre-vingt-six	96 quatre-vingt-seize
7 sept	17 dix-sept	27 vingt-sept	37 trente-sept	47 quarante-sept	57 cinquante-sept	67 soixante-sept	77 soixante-dix-sept	87 quatre-vingt-sept	97 quatre-vingt-dix-sept
8 huit	18 dix-huit	28 vingt-huit	38 trente-huit	48 quarante-huit	58 cinquante-huit	68 soixante-huit	78 soixante-dix-huit	88 quatre-vingt-huit	98 quatre-vingt-dix-huit
9 neuf	19 dix-neuf	29 vingt-neuf	39 trente-neuf	49 quarante-neuf	59 cinquante-neuf	69 soixante-neuf	79 soixante-dix-neuf	89 quatre-vingt-neuf	99 quatre-vingt-dix-neuf
100 cent	1 000 mille	10 000 dix mille	100 000 cent mille	1 000 000 un million (de)					

LEÇON 01

CONVERSATION 1 — « *Enchanté* »

piste 5

Jean : Bonjour, je m'appelle Jean. Et vous ?

Nicole : Moi, je m'appelle Nicole. Enchantée !

Jean : Enchanté ! Comment allez-vous ?

Nicole : Je vais bien, merci. Et vous ?

Jean : Ça va.

(Plus tard)

Jean : Au revoir.

Nicole : À bientôt.

LEÇON 01

SITUATION 1

piste 6

GRAMMAIRE

ALLER

je **vais** bien
il / elle **va** bien
vous **allez** bien

VOCABULAIRE

- bonjour
- bonsoir
- merci
- au revoir
- à bientôt

EXPRESSIONS

- enchanté / enchantée
- Je m'appelle...
- Moi, c'est...
- Comment allez-vous ?
  - Ça va (bien).

EXERCICES

問題❶ 文の空欄を埋めましょう．(Complétez)

1. Vous _____ bien ?
2. Ça _____.
3. Elle _____ comment ?
4. Je _____ Nicolas.
5. Bonjour, je m'appelle Vincent, enchant__.
6. Bonsoir, moi c'est Emma, enchant__.

問題❷ 文の空欄を埋めましょう．(Complétez)

1. Comment _____ - vous ?
2. Je _____ bien. Et vous ?
3. Moi, _____ va, merci.
4. _____ m'appelle Chris.

LEÇON 01

CONVERSATION 2 « *Enchanté* »

🔊 piste 7

Monsieur Martin :   Bonjour madame.

Madame Petit :   Bonjour monsieur.

Monsieur Martin :   Je suis monsieur Martin. Et vous ?

Madame Petit :   Madame Petit.
Je suis française et je suis journaliste.
Enchantée.

Monsieur Martin :   Ah bon, vous êtes journaliste.
Moi je suis photographe et je suis suisse.

Madame Petit :   Ah ! Vous êtes suisse ?

Monsieur Martin :   Oui, je suis de Genève.

EXERCICES

問題❶ 会話内の国籍と職業を変えて，練習しましょう．
(Reprenez la situation en changeant les nationalités et les professions)

SATO :   japonais / musicien
SMITH :   anglaise / cuisinière
WANG :   chinois / pâtissier
BELLO :   italienne / actrice
JOHNSON :   américain / professeur
WEBER :   allemande / employée

問題❷ （　）内の正しいものを選びましょう．
(Choisissez la bonne réponse)

1. Je m'appelle Anne. Je suis (français / française).
2. Moi, c'est Sébastien, je suis (canadien / canadienne).
3. Bonjour Michel, vous êtes (acteur / actrice) ?
4. Michèle, elle est (chanteur / chanteuse) d'opéra.
5. Vous (suis / est / êtes) de Lyon ? - Non, je (suis / est / êtes) de Bordeaux.
6. Il (suis / est / êtes) (chinois / chinoise) .

piste 8

LEÇON 01

SITUATION 2

GRAMMAIRE

ÊTRE

je **suis**
il / elle **est**
vous **êtes**

VOCABULAIRE

Nationalités :
- français / française
- suisse / suisse

Professions :
- journaliste / journaliste
- photographe / photographe

- monsieur / madame / mademoiselle

EXPRESSIONS

- Je suis **de** | Paris
Tokyo
Londres

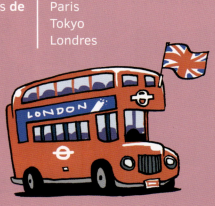

EXERCICES

問題❸ 必要に応じて，文の空欄を埋めましょう．（Complétez）

M. Georges :   Je _____ monsieur Georges. Et vous ?

Mme Dupuis :   Moi, madame Dupuis, je suis français___.

M. Georges :   Moi aussi, je suis français___.

　　　　　　　Vous _____ pâtissière ?

Mme Dupuis :   Non, je suis cuisini_____. Et vous ?

M. Georges :   Moi aussi, je suis _____

　　　　　　　dans un restaurant.

Mme Dupuis :   Vous êtes _____ Toulouse ?

M. Georges :   Oui, et vous ?

Mme Dupuis :   _____ aussi.

11

LEÇON 02

CONVERSATION 1 — *« Je me présente »*

 piste 9

Émilie :	Bonjour. Vous vous appelez comment ?
Alexandre :	Je m'appelle Alexandre. Et vous ?
Émilie :	Émilie. Qu'est-ce que vous faites dans la vie ?
Alexandre :	Je suis vendeur. Et vous ?
Émilie :	Moi, je suis étudiante. Vous habitez où ?
Alexandre :	J'habite à Bordeaux. Vous aussi, vous êtes de Bordeaux ?
Émilie :	Non, moi je suis de Lyon.

LEÇON 02
SITUATION 1

piste 10

S'APPELER

je **m'appelle**
il / elle **s'appelle**
vous **vous appelez**

HABITER

j'**habite**
il / elle **habite**
vous **habitez**

VOCABULAIRE

- vendeur / vendeuse
- étudiant / étudiante
- moi
- vous
- aussi

Alexandre MARTIN
vendeur / conseil

EXPRESSIONS

- Qu'est-ce que vous faites dans la vie ?
- Vous vous appelez comment ?
- Vous habitez où ?

EXERCICES

問題❶ 文の空白を埋めましょう．(Complétez)

1. Vous vous _____ comment ?

2. Je _____ de Biarritz.

3. Elle _____ musicienne.

4. Vous _____ à Paris ?

5. Non, je _____ à Tours.

問題❷ （ ）内の動詞を直説法現在形に活用させ，文章を作りましょう．変形するものに気をつけましょう．(Conjuguez, accordez et faites une phrase)

1. Je _____ (habiter / Lille).

2. Elle _____ (être / employé).

3. Vous _____ (s'appeler / Pierre).

4. Il _____ (habiter / Dijon).

LEÇON 02

CONVERSATION 2 — *« Je me présente »*

🔊 piste 11

Thibaut :   Bonsoir Marine.
              Qui est-ce ?

Marine :   C'est une amie.

Thibaut :   Elle s'appelle comment ?

Marine :   Elle s'appelle Julie.

Thibaut :   Elle est française ?

Marine :   Non, elle est québécoise.

Thibaut :   Qu'est-ce qu'elle fait dans la vie ?

Marine :   Elle est employée de bureau.

Thibaut :   Et elle habite où ?

Marine :   Elle habite à Nancy mais elle est de Montréal.

EXERCICES

問題❶ 文章になるように，並び替えましょう．(Remettez les phrases dans l'ordre)

1. vie / il / Qu'est-ce / la / fait / qu' / dans / ? ➡ ….
2. suis / Nice / Cannes. / mais / je / J' / de / habite / à ➡ ….
3. ce / Qui / est / - / ? ➡ ….
4. amie. / C' / une / est ➡ ….
5. de / êtes / bureau / Vous / employée / ? ➡ ….

問題❷ 質問に答えましょう．(Répondez aux questions)

1. Vous vous appelez comment ? ➡ ….
2. Vous êtes français(e) ? ➡ ….
3. Vous habitez où ? ➡ ….
4. Qu'est-ce que vous faites dans la vie ? ➡ ….
5. Vous êtes d'où ? ➡ ….

LEÇON 02

SITUATION 2

piste 12

Qui est-ce ? **C'est** Paul.
C'est Marine.

C'est un ami.
C'est une amie.

GRAMMAIRE

VOCABULAIRE
- employé / employée de bureau
- québécois / québécoise
- un ami / une amie
- mais

EXPRESSIONS
- Qu'est-ce | qu'il / qu'elle | fait dans la vie ?

EXERCICES

問題❸ 主語に合わせて，文章を変えましょう．(Transformez les phrases)

1. Je suis français. ➡ Elle _____ .

2. Vous habitez à Monaco. ➡ Je _____ .

3. Elle est espagnole. ➡ Il _____ .

4. Il est pâtissier. ➡ Vous _____ .

5. Je m'appelle François. ➡ Vous _____ .

piste 13

LEÇON 03

CONVERSATION 1 — « Vous parlez français ? »

 piste 14

(Dans une fête, deux personnes se rencontrent)

Mathieu : Vous parlez français ?

Émi : Oui, je parle français.

Mathieu : Vous êtes française ?

Émi : Non, je suis japonaise mais je parle français.
Et vous, vous parlez quelles langues ?

Mathieu : Je suis suisse.
Je parle français, allemand et anglais.

Émi : Moi aussi, je parle anglais et un peu chinois.

(Maria arrive)

Maria : Salut Émi !

Émi : Voici Maria. Elle est espagnole.
Elle parle espagnol, français et portugais.

LEÇON 03

SITUATION 1

GRAMMAIRE

PARLER

je **parle**
il / elle **parle**
vous **parlez**

VOCABULAIRE

- (le) français
- (le) chinois
- (l') anglais
- (le) portugais
- (l') allemand
- (le) japonais
- (l') espagnol

- un peu
- bien

EXPRESSIONS

- Vous parlez quelles langues ?

EXERCICES

問題❶ （　）内の動詞を直説法現在形に活用させましょう。(Conjuguez le verbe)

1. Vous _____ (parler) anglais ?
2. Il _____ (être) anglais ?
3. Elle _____ (parler) quelles langues ?
4. Je _____ (être) italien mais je _____ (parler) français.
5. Comment _____ (aller) - vous ?

問題❷ 主語に合わせて，文章を変えましょう。
(Transformez les phrases)

KARL	SABINE
Il est allemand.	➡ Elle...
Il parle allemand.	➡ Elle...
Il est cuisinier.	➡ Elle...
Il s'appelle Karl.	➡ Elle...
Il habite à Munich.	➡ Elle...

問題❸ （　）内の正しいものを選びましょう。
(Choisissez la bonne réponse)

1. Il (parlez / parle) japonais.
2. Elle est (anglais / anglaise) .
3. Elle parle (chinoise / chinois) .
4. Vous (habitez / habite) où ?
5. Je (va / vais) bien.
6. Vous (êtes / habitez) de Londres ?

17

LEÇON 03

CONVERSATION 2

 piste 16

« Vous parlez français ? »

(Deux étudiants se rencontrent à Paris dans un salon étudiant)

Marc : Salut, je m'appelle Marc.
Et toi, tu t'appelles comment ?

Lucie : Moi, je m'appelle Lucie. Ça va ?

Marc : Bien, et toi ?

Lucie : Ça va, merci.
Tu es étudiant ?

Marc : Oui. Je suis étudiant à Lyon.

Lucie : Et tu habites à Lyon ?

Marc : Non, j'habite à Grenoble. Et toi ?

Lucie : Moi, je suis d'Avignon et je suis étudiante à Nantes.
Tu parles quelles langues ?

Marc : Je parle anglais et un peu italien.

Lucie : Ah ! C'est cool. Moi, je parle seulement français.

(Au moment de se dire au revoir)

Marc : Allez, salut, à plus !

Lucie : Ciao.

EXERCICES

問題❶ 文の空欄を埋めましょう．(Complétez)

1. Je _____ anglaise.
2. Il _____ d'Avignon.
3. Tu _____ français et italien.
4. Ça _____, merci.
5. Vous _____ quelles langues ?
6. Tu _____ étudiante ?

GRAMMAIRE

ÊTRE
je suis
tu **es**
il / elle est
vous êtes

ALLER
je vais
tu **vas**
il / elle va
vous allez

HABITER
j'habite
tu habit**es**
il / elle habite
vous habitez

PARLER
je parle
tu parl**es**
il / elle parle
vous parlez

S'APPELER
je m'appelle
tu t'appell**es**
il / elle s'appelle
vous vous appelez

VOCABULAIRE
- salut
- toi
- seulement
- ciao

EXPRESSIONS
- Tu parles quelles langues ?
- C'est cool.
- À plus (À plus tard) !

EXERCICES

問題❷ 文章になるように，並び替えましょう．(Remettez les phrases dans l'ordre)

1. et / es / française / Tu / à / Mulhouse. / habites / tu
2. langues / parlez / quelles / Vous / ?
3. coréen. / Elle / seulement / parle
4. à / J' / Rouen. / habite
5. comment / t' / Tu / appelles / ?

問題❸ リストから動詞を選び，直説法現在形に活用させましょう．
(Conjuguez et complétez avec un verbe)

manger - écouter - travailler - commencer - regarder

1. Tu _____ le tennis à la télé.
2. Il _____ le travail à 8 heures.
3. Vous _____ de la musique.
4. Je _____ une pizza.
5. Elle _____ dans un magasin.

LEÇON 04

CONVERSATION 1 — « J'adore ça »

(Deux personnes assises face à face dans un compartiment)

Madame Dubois : Excusez-moi, vous aimez la littérature ?

Madame Simon : Oh oui, j'aime beaucoup ça.
C'est très intéressant.

Madame Dubois : Moi aussi, j'adore lire.
Qu'est-ce que vous aimez comme livres ?

Madame Simon : J'aime bien « L'Étranger » de Camus et « Bonjour Tristesse » de Sagan.

Madame Dubois : Moi, je n'aime pas beaucoup Sagan.
C'est un peu ennuyeux.

LEÇON 04
SITUATION 1

piste 20

GRAMMAIRE

NE ... PAS

Je **ne** suis **pas** français.
Tu **ne** parles **pas** anglais.
Il **ne** s'appelle **pas** Nicolas.
Vous **n'**habitez **pas** à Nice.

AIMER

j'aime	je **n'**aime **pas**
tu aimes	tu **n'**aimes **pas**
il / elle aime	il / elle **n'**aime **pas**
vous aimez	vous **n'**aimez **pas**

VOCABULAIRE

- Excusez-moi
- Excuse-moi

- la littérature
- le sport

- lire un livre

- intéressant / intéressante
- ennuyeux / ennuyeuse

EXPRESSIONS

- Qu'est-ce que... comme... ?
- Qu'est-ce que vous aimez comme sports ?

+++	j'adore
++	j'aime beaucoup
+	j'aime bien
−	je n'aime pas beaucoup
− −	je n'aime pas
− − −	je déteste / je n'aime pas du tout

- Vous aimez le français ?
- Vous aimez lire ?
- Oui, j'aime bien **ça**.

EXERCICES

問題❶ （　）内の動詞を現在形の否定形に活用させましょう．
(Conjuguez le verbe à la forme négative)

1. Elle _____ (habiter)
2. Vous _____ (aimer)
3. Il _____ (parler)
4. Je _____ (être)
5. Vous _____ (habiter)
6. Tu _____ (travailler)

問題❷ 可能な疑問文を１つ書きましょう．
(Trouvez une question possible)

1. _____ ? - Je m'appelle Julie.
2. _____ ? - Non, il ne parle pas français.
3. _____ ? - J'aime le jazz.
4. _____ ? - Elle habite à Berlin.
5. _____ ? - Je parle français, japonais et chinois.
6. _____ ? - Non, elle aime la musique française.
7. _____ ? - Non, je ne fume pas.
8. _____ ? - Je suis femme au foyer.

LEÇON 04

CONVERSATION 2 « *J'adore ça* »

piste 21

(10 minutes plus tard)

Madame Dubois : Mon mari aime beaucoup la musique.

Madame Simon : Ah bon ! Et qu'est-ce qu'il aime comme musique ?

Madame Dubois : Il adore le jazz mais il n'aime pas du tout le rap.

Madame Simon : Moi non plus, je n'aime pas ça.
Et vous, qu'est-ce que vous préférez comme musique ?

Madame Dubois : J'aime bien le jazz mais je préfère le classique.

Madame Simon : Oh ! Le classique.
Moi aussi, j'adore ça, je suis fan de Mozart.

EXERCICES

問題❶ 会話に関する文章が正しい（V）か間違っている（F）かを選びましょう.
(Répondez aux questions sur le texte : VRAI ou FAUX)

1. Le mari de madame Dubois aime la musique. (V / F)
2. Le mari de madame Dubois adore le rap. (V / F)
3. Madame Simon aime le rap. (V / F)
4. Madame Dubois préfère le classique. (V / F)
5. Madame Simon est fan de Beethoven. (V / F)

問題❷ 自分への質問に答えましょう.
(Répondez aux questions directes)

1. Qu'est-ce que vous aimez comme musique ?
2. Vous préférez le vin ou la bière ?
3. Vous aimez les sushis ?
4. Qu'est-ce que vous aimez comme cuisine ?
5. Vous préférez le football ou le baseball ?
6. Vous préférez voyager ou travailler ?

LEÇON 04
SITUATION 2

GRAMMAIRE

PRÉFÉRER

je préfère
tu préfères
il / elle préfère
vous préférez

VOCABULAIRE

- la musique
- le jazz
- le rap
- le classique
- le rock
- la pop

EXPRESSIONS

- Je suis fan de | Mozart.
  | football.
  | peinture.

- moi aussi
- moi non plus

- J'aime le tennis, et toi ?
- Moi aussi.

- Je n'aime pas le tennis, et toi ?
- Moi non plus.

EXERCICES

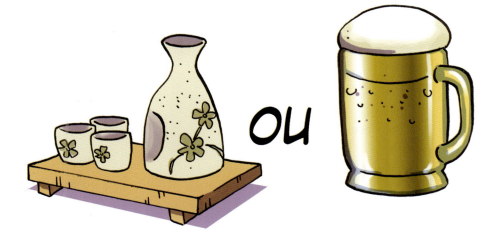

問題❸ （　）内の正しいものを選びましょう．(Choisissez la bonne réponse)

1. Il (préfères / préfère) la musique pop.
2. Vous (préfère / préférez) le saké ou la bière ?
3. J' (aime / aimes) le cinéma.
4. Elle n' (aime / aimes) pas la cuisine italienne.
5. Vous (adorez / adores) faire les courses.
6. Il (détestes / déteste) la campagne.

LEÇON 05

CONVERSATION 1

piste 24

« Vous avez des enfants ? »

(Deux mères parlent de leurs enfants)

Madame Pierre : Bonjour.
Vous avez des enfants ?

Madame Fournier : Oui, j'ai un fils.

Madame Pierre : Et, il a quel âge ?

Madame Fournier : Il a 18 ans. Il s'appelle Arthur.
Et vous ?

Madame Pierre : Moi, j'ai deux enfants : une fille et un fils.
Ma fille s'appelle Julie, elle a 16 ans et elle est lycéenne.
Mon fils s'appelle Quentin, il a 12 ans et il est collégien.
Votre fils, il est lycéen aussi ?

Madame Fournier : Non, il n'est pas lycéen.
Il est étudiant.

GRAMMAIRE

AVOIR

j'ai
tu as
il / elle a
vous avez

J'**ai** un enfant. Il **a** 10 ans.

mon stylo / **ma** gomme
votre stylo / **votre** gomme

LEÇON 05

SITUATION 1

VOCABULAIRE

- un enfant
- une fille
- un fils

- écolier / écolière
- collégien / collégienne
- lycéen / lycéenne
- étudiant / étudiante

EXPRESSIONS

- Vous avez quel âge ?
- J'ai 30 ans.

EXERCICES

問題❶ （ ）内の年齢を使って質問に答えましょう．
(Répondez aux questions)

1. Quel âge a monsieur Blanc ? (45)
2. Quel âge a madame Mercier ? (34)
3. Quel âge avez-vous ? (28)
4. Quel âge a Pierre ? (71)

問題❷ 文の空欄を埋めましょう．(Complétez)

1. Vous _____ une voiture ? - Non, je _____ un vélo.
2. Il _____ un chien ? - Oui, il _____ un chien et il _____ aussi un chat.
3. Elle _____ des enfants ? - Oui, elle _____ deux enfants.
4. Vous _____ quel âge ? - Je _____ 22 ans. Je _____ étudiant.

問題❸ 文の空欄を埋めましょう．(Complétez)

1. Vous _____ chaud ? - Oui, je _____ chaud.
2. Elle _____ soif ? - Oui, elle _____ soif.
3. Il _____ sommeil. Et vous ? - Oui, moi aussi, je _____ sommeil.
4. Je _____ vraiment froid.
5. Elle _____ faim.
6. Vous _____ mal à la tête ? - Non, je _____ mal au ventre.

LEÇON 05

CONVERSATION 2

« Vous avez des enfants ? »

Madame Fournier : Vous avez des frères et sœurs ?

Madame Pierre : Oui, j'ai un frère. Lui aussi, il a deux enfants. Ils ont 5 et 9 ans.

Madame Fournier : Vous n'avez pas de sœurs ?

Madame Pierre : Non, je n'ai pas de sœurs. Et vous ?

Madame Fournier : Alors moi, j'ai deux frères et une sœur.

Madame Pierre : Ils ont des enfants ?

Madame Fournier : Ma sœur a un fils, il a 14 ans. Mes frères n'ont pas d'enfants.

EXERCICES

問題❶ 文の空欄を埋めましょう．(Complétez les phrases avec les mots manquants)

1. Paul et Jean _____ des frères ? - Oui, _____.
2. Pierre _____ une sœur ? - Oui, _____.
3. Ma sœur _____ deux enfants. _____ 3 et 5 ans.
4. _____ copain _____ 36 ans. Il _____ employé de bureau.
5. Martin et Aline _____ des filles. Elles _____ 12 ans et 11 ans.
6. _____ sommes mariés et nous _____ deux enfants.

GRAMMAIRE

AVOIR

j'ai   nous **avons**
tu as   vous avez
il / elle a   ils / elles **ont**

ÊTRE

je suis   nous **sommes**
tu es   vous êtes
il / elle est ils / elles **sont**

NE ... PAS DE

Vous avez **une** voiture ?
Non, je **n'ai pas de** voiture.

Vous avez **des** enfants ?
Non, je **n'ai pas d'**enfants.

mes stylos / **mes** gommes

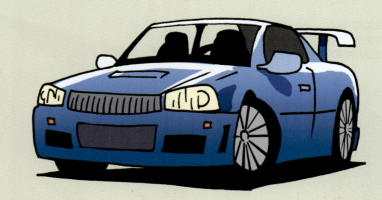

VOCABULAIRE

- un frère
- une sœur

- alors

EXPRESSIONS

- Vous avez des frères et sœurs ?

EXERCICES

問題❷ 質問に答えましょう.
(Répondez aux questions)

1. Elle a des frères ?
   → Non, elle ...
2. Vous avez 23 ans ?
   → Non, je ...
3. Martin et Céline ont des enfants ?
   → Non, ils ...
4. Vous avez chaud ?
   → Non, nous ...
5. Vous avez des sœurs ?
   → Non, je _____ sœurs
   mais je _____ des frères.
6. Ils ont 40 ans ?
   → Non, ils _____.
   Ils _____ 35 ans.

LEÇON 06

CONVERSATION 1 — « Vous allez où ? »

🔊 piste 29

(Deux voisins discutent ensemble)

Monsieur Dufour : Aujourd'hui, je vais à Disneyland Paris.

Monsieur Varin : Ah bon ? C'est bien ! Avec votre famille ?

Monsieur Dufour : Oui, avec ma femme et mon fils.

Monsieur Varin : Ah sympa.
Moi, samedi, je vais chez mes parents à Versailles.

Monsieur Dufour : Vos parents habitent à Versailles ?

Monsieur Varin : Oui, ils sont de Versailles.

(Plus tard)

Monsieur Dufour : Allez ! Bonne journée.

Monsieur Varin : Vous aussi et amusez-vous bien à Disneyland.

🔊 piste 30

LEÇON 06

SITUATION 1

GRAMMAIRE

ALLER

je vais	nous allons
tu vas	vous allez
il / elle va	ils / elles vont

HABITER

j'habite	nous habitons
tu habites	vous habitez
il / elle habite	ils / elles habitent

Je vais à | Disneyland.
         | Shibuya.
         | Paris.
         | Londres.

votre cahier / **votre** clé
vos cahiers / **vos** clés

VOCABULAIRE

- aujourd'hui
- lundi - mardi - mercredi
  jeudi - vendredi - samedi - dimanche

- mon mari / ma femme
- ma famille

- sympa

EXPRESSIONS

- chez | moi
       | vous
       | mon ami / mon amie
       | mes parents
       | Carole
       | madame Lenoir

- Ah bon ?
- Allez ! Bonne journée.
- Amusez-vous bien.

EXERCICES

問題❶ 所有形容詞または動詞を使って空欄を埋めましょう．
(Complétez librement)

1. _____ parents _____ français ?
   - Non, ils _____ anglais.
2. _____ sœur _____ quel âge ?
   - Elle _____ 24 ans.
3. _____ femme et _____ fille _____ gentilles.
4. _____ fils _____ 31 ans.
   Il _____ employé de bureau.
5. Vous allez où avec _____ chien ?

問題❷ 文章になるように，並び替えましょう．
(Remettez les phrases dans l'ordre)

1. vais / médecin. / Je / le / chez
2. français. / sont / Mes / enfants
3. mari / chez / boulanger. / un / travaille / Mon
4. a / 22 / et / a / mon / fille / ans / 13 / Ma / fils / ans.
5. âge / votre / chat / Quel / a / ?

29

LEÇON 06

CONVERSATION 2 « *Vous allez où ?* »

🔊 piste 31

Philippe : Ce soir, je vais dîner avec mon père.

David : Ah bon, pourquoi ?

Philippe : Parce que c'est son anniversaire demain.
Il est né le 25 octobre.

David : Ah ! Comme ma sœur.
Et vous allez dîner où ?

Philippe : En fait, mon père est chef cuisinier donc on va à sa brasserie.

David : Elle est où sa brasserie ?

Philippe : Près de chez nous, à 10 minutes à pied.
Après ça, il invite ses amis à la maison.

David : Vraiment sympa. Bonne soirée.

EXERCICES

問題❶ 主語に合わせて，文章を書き換えましょう．
(Transformez les phrases)

1. Je cherche mon sac, mon portefeuille et ma trousse.
   → Il....
2. Vous cherchez votre clé, votre parapluie et vos stylos.
   → Elle...
3. Elle range sa chambre, ses affaires et son armoire.
   → Vous...
4. Il range ses lunettes, son peigne et ses mouchoirs.
   → Je...

問題❷ MON / MA / SON / SES / VOTRE のいずれかを使って，文の空欄を埋めましょう．
(Complétez)

1. Demain, c'est _____ anniversaire. - Ah bon ? Il a quel âge ?
2. C'est _____ peluche ? - Non, c'est la peluche de _____ fille.
3. Elle travaille beaucoup aujourd'hui parce que _____ collègues ne sont pas là.
4. Pourquoi _____ fils ne va pas à l'école ? - Parce qu'il est malade.
5. Le père de _____ amie Alice s'appelle Maxime.

LEÇON 06 — SITUATION 2

GRAMMAIRE

piste 32

nous allons → on va
nous habitons → on habite
nous sommes → on est
nous avons → on a

Je vais | dîner.
       | faire les courses.
       | travailler.

Pourquoi vous invitez vos amis ?
Parce que c'est mon anniversaire.

son sac / sa carte
ses sacs / ses cartes

VOCABULAIRE

- inviter
- dîner

- un anniversaire
- mon père / ma mère

- les mois (voir p.119)
- une minute
- une brasserie
- chef cuisinier

- ce matin / cet après-midi / ce soir

- donc

EXPRESSIONS

- à la maison

- comme | moi
        | vous
        | mon ami / mon amie
        | mes parents
        | Louis
        | Madame Lenoir

- Je suis né(e) | le 20 mars.
                | en mars.
                | en 1995.

- à pied

- Bonne soirée !

EXERCICES

問題❸ POURQUOI を使って疑問文を書きましょう．
(Trouvez les questions en utilisant « Pourquoi »)

1. .... (manger beaucoup) ?
   - Parce qu'il a faim.
2. .... (parler français) ?
   - Parce que sa mère est française.
3. .... (avoir mal à la tête) ?
   - Parce qu'il est malade.
4. .... (être content) ?
   - Parce que c'est mon anniversaire.
5. .... (étudier le français) ?
   - Parce que nous aimons beaucoup la France.

piste 33

31

LEÇON 07

CONVERSATION 1 — « Qu'est-ce que c'est ? »

 piste 34

(Une fille est avec son père au zoo)

Léa : Papa, papa ! C'est quoi comme animal ?

Le père : C'est une girafe. Elle a un long cou.

Léa : Et là-bas, qu'est-ce que c'est ?

Le père : Ça, c'est un lion et à côté, c'est un crocodile.

Léa : Wouah ! J'ai peur.

Le père : Hé regarde là-bas, il y a des singes !

Léa : Super ! Ils sont trop mignons.

Le père : Ce sont des chimpanzés.

Léa : Des quoi ?

Le père : Des chimpanzés. Ce sont des singes d'Afrique.

Léa : Papa, j'ai soif !

Le père : Regarde dans mon sac, il y a une bouteille d'eau.

LEÇON 07

GRAMMAIRE — SITUATION 1

Qu'est-ce que c'est ?
C'est un téléphone. / **C'est** une table.
Ce sont des téléphones. / **Ce sont** des tables.

Qu'est-ce qu'il y a au zoo ?

Il y a un lion. / **Il y a** une panthère.
Il y a des lions. / **Il y a** des panthères.

un singe mignon (des singe**s** mignon**s**)
un livre intéressant (des livre**s** intéressant**s**)
un étudiant français (des étudiant**s** français)
un long cou (**de** long**s** cou**s**)

Rappel : Il n'y a pas de lion / de panthère.

VOCABULAIRE

- un animal (des animaux)
- un singe – un chimpanzé – un lion
- un crocodile – une girafe

- une bouteille d'eau
- un cou

- l'Afrique

- là-bas
- à côté
- dans

- trop

EXPRESSIONS

- J'ai soif. • J'ai faim.
- J'ai peur. • J'ai sommeil.

- Qu'est-ce que c'est comme livre ?
- C'est quoi comme livre ?

- Regarde !
- Regardez !

- Super !

EXERCICES

問題❶ UN / UNE / DES のいずれかを使って，空欄を埋めましょう．(Complétez avec un article indéfini)

Exercice supplémentaire 3 page 100

____ livre / ____ fleur / ____ arbre / ____ montres / ____ téléphone
____ table / ____ sac / ____ homme / ____ immeuble / ____ piétons
____ fenêtre / ____ crabe / ____ porte-monnaie / ____ livres / ____ musée
____ verre / ____ chaises / ____ pantalon / ____ manteau / ____ glace

問題❷ 下線の単語を複数形に変えて，文を書き換えましょう．必要に応じて他の単語も変えましょう．(Mettez au pluriel les mots soulignés, et faites les changements nécessaires)

1. Il a un <u>fils</u>. <u>Il</u> est italien. ➡ Il ….
2. Il y a un <u>homme</u> et une <u>femme</u> dans la <u>rue</u>. ➡ …
3. C'est une <u>girafe</u> et un <u>crocodile</u>. ➡ …
4. J'ai un <u>pantalon</u> court et un <u>pull</u> chaud. ➡ …
5. C'est un jeune <u>garçon</u>, gentil et intelligent. ➡ …
6. Vous avez un petit <u>chat</u>, <u>il</u> est très mignon. ➡ …

LEÇON 07

CONVERSATION 2 — « Qu'est-ce que c'est ? »

🔊 piste 36

Marc : Dis voir, où est la clé de la voiture ?

Marine : Elle est sur la table.

Marc : Sur la grande table ou la petite table ?

Marine : La grande, dans le salon.

Marc : Et aussi, je cherche mon téléphone.
Il n'est pas sur le canapé ?

Marine : Attends, je regarde…
Non, il n'est pas là.

Marc : Alors, dans le manteau bleu devant l'armoire.

Marine : Ah oui ! Il est là.
Je pose tout ça sur les journaux.

EXERCICES

問題❶ UN/UNE/DES/LE/LA/L'/LES のいずれかを使って空欄を埋めましょう．
(Complétez avec UN / UNE / DES / LE / LA / L' / LES)

1. Qu'est-ce qu'il y a dans votre portefeuille ? - Il y a _____ billets et _____ pièces.
2. _____ livre de votre amie est intéressant.
3. Elle va à _____ tour Eiffel.
4. J'étudie _____ français et _____ anglais.
5. Il y a _____ yaourts dans _____ frigo.
6. J'ai _____ chat, _____ chien et _____ poissons. J'adore _____ animaux.
7. Je vais à _____ pizzeria pour manger _____ pizza.

問題❷ （　）内の正しいものを選びましょう．(Choisissez la bonne réponse)

1. Où sont (des / les) photos ? - (Des / Les) photos sont dans le tiroir.
2. Je cherche (un / le) téléphone de mon mari.
3. Vous avez (l' / la) adresse de Thomas ?
4. J'ai (un / le) numéro de téléphone de mon ami Paul.
5. J'ai (un / le) garçon et (une / la) fille.
6. Dans (une / la) salle de classe, il y a (des / les) fenêtres.

34

LEÇON 07

SITUATION 2

GRAMMAIRE

Où est **le** téléphone ? / Où est **la** clé ?
Où sont **les** téléphone**s** ? / Où sont **les** clé**s** ?

une chaise bleue (des chaise**s** bleue**s**)
une voiture rapide (des voiture**s** rapide**s**)
une souris grise (des souri**s** grise**s**)
une grande table (<u>de</u> grande**s** table**s**)

VOCABULAIRE

- une clé
- une voiture

- une table - une armoire - un canapé

- un journal (des journaux)
- un manteau (des manteaux)

- devant
- derrière
- sur

- poser
- chercher

EXPRESSIONS

- dans le salon
- dans la cuisine
- dans la chambre
- dans la salle de bain
- dans les toilettes

- Il n'est pas là.
- Il est là.

- tout ça

- Dis voir
- Attends, je regarde.

EXERCICES

問題❸ 下線の単語を複数形に変えて，文を書き換えましょう．必要に応じて他の単語も変えましょう．
(Mettez au pluriel les mots soulignés, et faites les changements nécessaires)

1. Il a une <u>fille</u>. <u>Elle</u> est italienne.
   → ....
2. Il y a une <u>rue</u> étroite et sombre.
   → ....
3. C'est une belle <u>girafe</u> africaine.
   → ....
4. J'ai une <u>jupe</u> courte et une <u>veste</u> légère.
   → ....
5. C'est la <u>secrétaire</u> du patron. <u>Elle</u> est gentille et intelligente.
   → ....
6. <u>Elle</u> est mignonne, votre petite <u>chienne</u> !
   → ....

Exercice supplémentaire 4 page 100

piste 38

35

LEÇON 08

CONVERSATION 1

« J'ai une belle maison blanche »

Benoît :   Est-ce que* vous habitez dans une maison ou un appartement ?

Nathalie :   Dans un appartement dans le centre-ville.
Il y a deux petites chambres et un salon très clair.

Benoît :   Est-ce que vous avez un balcon ?

Nathalie :   Oui, un long balcon avec des plantes vertes.

Benoît :   Charmant.
Moi, j'habite dans une belle maison à la campagne.
On a un grand salon avec des meubles anciens et aussi un jardin spacieux pour les enfants.

*Est-ce que vous ..... ? = Vous ..... ?

GRAMMAIRE

🔊 piste 40

LEÇON 08

SITUATION 1

petit / petite   grand / grande
petits / petites   grands / grandes

vert / verte   clair / claire
verts / vertes   clairs / claires

long / longue   beau / belle   ⚠️   un bel <u>h</u>omme
longs / longues   beaux / belles   un bel <u>a</u>cteur

ancien / ancienne   spacieux / spacieuse   normal / normale
anciens / anciennes   spacieux / spacieuses   normaux / normales

VOCABULAIRE

- une maison
- un appartement

- un balcon
- une plante
- un meuble
- un jardin

EXPRESSIONS

- dans le centre-ville
- en banlieue

- en ville
- à la campagne

- Charmant !

EXERCICES

問題❶ 必要に応じて形容詞を名詞の性と数に一致させ，空欄を埋めましょう．
(Complétez en faisant l'accord si nécessaire)

1. grand ➡ C'est une _____ maison.
2. joli ➡ Ce sont de _____ chaussures.
3. beau ➡ Il y a une _____ terrasse.
4. gros ➡ Dans la mer, il y a de _____ poissons.
5. ancien / bleu ➡ L' _____ voiture de mon père est _____ .

問題❷ 複数形に書き換えましょう． (Transformez au pluriel)

1. Un téléphone cher ➡ Des …
2. Une montre chère ➡ Des …
3. Une leçon intéressante ➡ Des …
4. Un étudiant chinois ➡ Des …
5. Un enfant heureux ➡ Des …
6. Une élève sérieuse ➡ Des …
7. Il est beau. ➡ Ils sont …
8. Une personne sympathique ➡ Des …
9. Mon ami est grand. ➡ Mes …
10. Un prix normal ➡ Des …

LEÇON 08

CONVERSATION 2

« J'ai une belle maison blanche »

piste 41

Manu : Vous avez une belle voiture, dites donc ?

Jean-Michel : Oui merci, c'est une vieille Renault des années 1970.

Manu : Moi aussi j'ai une voiture française, c'est une Peugeot.

Jean-Michel : Ah bon et elle est de quelle couleur ?
Elle est grise aussi ?

Manu : Non, elle est blanche. J'aime beaucoup le blanc.
En fait, nous avons deux voitures.
Une blanche et une bleue parce que ma femme aime le bleu.

Jean-Michel : La bleue est française aussi ?

Manu : Non, comme elle préfère les allemandes, nous avons une Audi.

EXERCICES

問題❶ 色を決めて，必要に応じて名詞の性と数に一致させましょう．
(Indiquez la couleur et faites l'accord)

1. Les carottes sont _____ .
2. Les nuages sont _____ .
3. La mer est _____ .
4. Les bananes sont _____ .
5. La forêt est _____ .
6. Les fraises sont _____ .
7. C'est la nuit, il fait _____ .

38

LEÇON 08

SITUATION 2

GRAMMAIRE

piste 42

J'ai un pantalon noir. Il est noir. J'aime **le** noir.
J'ai des chaussons blancs. Ils sont blancs. J'aime **le** blanc.
J'ai une voiture bleue. Elle est bleue. J'aime **le** bleu.
J'ai des plantes vertes. Elles sont vertes. J'aime **le** vert.

un livre orange   un livre marron
une fleur orange   une fleur marron
des stylos orange   des stylos marron
des chaises orange des chaises marron

Je ne vais pas au travail **parce que** je suis malade.
Comme je suis malade, je ne vais pas au travail.

VOCABULAIRE

- le   bleu
       rouge
       vert
       jaune
       blanc
       noir
       marron
       violet
       gris
       orange
       rose

- vieux / vieille
- une année
- les années (19)70

EXPRESSIONS

- Votre voiture est **de quelle couleur** ?
- **De quelle couleur** est votre voiture ?

- Dites donc
- Dis donc

- En fait

EXERCICES

問題❷ 質問に答えましょう。(Répondez aux questions)

1. Quelle est votre couleur préférée ? - C'est le _____ .
2. De quelle couleur est votre sac ? - Il est _____ .
3. De quelle couleur sont les gorilles ? - Ils sont _____ .
4. De quelle couleur sont les brocolis ? - Ils sont _____ .
5. De quelles couleurs est le drapeau français ? - Il est _____ , _____ et _____ .
6. De quelles couleurs est le drapeau allemand ? - Il est _____ , _____ et _____ .

piste 43

« Je vais en France, à Paris »

(Un dimanche matin, deux dames discutent dans la rue)

Madame Fauchon : Bonjour madame Cherrier. Comment allez-vous ?

Madame Cherrier : Très bien, merci, et vous ?
Vous allez au marché ce matin ?

Madame Fauchon : Non, pas du tout, mais je suis très occupée ce matin :
je vais à la boulangerie, au bureau de tabac et à la pharmacie.

Madame Cherrier : Eh bien, quel programme !
Moi, d'abord, je vais au marché et ensuite chez le fleuriste.
Et cet après-midi, j'ai rendez-vous chez le coiffeur.

Madame Fauchon : Vous êtes bien occupée, vous aussi.
Moi, cet après-midi et ce soir, je reste à la maison parce que demain je vais à l'hôpital.

EXERCICES

問題❶ CE/CETTE/CET/CES のいずれかを使って，形容詞を一致させましょう．
(Complétez avec CE / CETTE / CET / CES et accordez l'adjectif)

1. _____ étudiant est américain.
2. _____ étudiante est _____ .
3. _____ étudiants sont _____ .
4. _____ étudiantes sont _____ .
5. _____ acteur est beau.
6. _____ actrice est _____ .
7. _____ acteurs sont _____ .
8. _____ actrices sont _____ .

LEÇON 09

SITUATION 1

GRAMMAIRE

Je vais **à** Paris.

Je vais | **au** marché.
        | **au** restaurant.

Je vais | **à la** gare.
        | **à la** banque.

Je vais | **à l'**hôtel.
        | **à l'**école.

Je vais **aux** toilettes.

Je vais | **à** Starbucks.
        | **chez** Starbucks.

ce stylo   **cet** homme   **cette** femme
ces stylos   **ces** hommes   **ces** femmes

VOCABULAIRE

- une dame
- un monsieur

- rester
- discuter

- le marché
- la boulangerie
- le bureau de tabac
- l'hôpital
- la pharmacie

- occupé / occupée

- d'abord
- ensuite
- puis
- après
- enfin

- le fleuriste
- le coiffeur

EXPRESSIONS

- J'ai (un) rendez-vous.

- **dans** la rue
- **sur** la place

- Quel programme !

EXERCICES

問題❷ 以下の文を単数形に書き換えましょう．
(Mettez au singulier)

1. Ces filles sont belles. → ...
2. Ces animaux sont petits. → ...
3. Ces professeurs sont sympathiques. → ...
4. Ces appartements sont anciens. → ...
5. Ces hôtels sont modernes. → ...
6. Ces manteaux ne sont vraiment pas beaux. → ...

問題❸ À LA/AU/À L'/AUX のいずれかを使って，空欄を埋めましょう．
(Complétez avec À LA / AU / À L' / AUX)

1. Vous allez _____ boulangerie aujourd'hui ? - Non, je vais _____ parc.
2. Je rentre _____ maison parce que je suis fatiguée.
3. Mes parents vont _____ aéroport.
4. On va _____ cinéma demain ? - Désolé, ma mère et moi allons _____ opéra.
5. Excusez-moi, je dois aller _____ toilettes.
6. Après le travail, ma femme va _____ pâtisserie puis _____ mairie.

LEÇON 09

CONVERSATION 2

« *Je vais en France, à Paris* »

piste 46

(Deux amis discutent des vacances)

Stéphane : Tu restes en France cet été ?

Florent : Non, je pars en vacances en Grèce.

Stéphane : Quand ça ?

Florent : 8 jours en août.

Stéphane : Ah ! Je connais bien la Grèce.
Ma cousine habite à Athènes.

Florent : Et toi, tu pars où ?

Stéphane : Avec ma copine, on part en Australie en juillet deux semaines.
Et en août, nous allons aux États-Unis, à Los Angeles.

Florent : Les États-Unis, c'est vraiment un beau pays.
Dis donc, tu voyages beaucoup.

Stéphane : Et attends ! En automne, on va aussi en Asie :
à Taïwan, en Chine et au Japon.

EXERCICES

問題❶ CONNAÎTRE を現在形に活用させましょう．(Complétez avec le verbe CONNAÎTRE)

1. Tu _____ l'adresse de Michel ?
2. Vous _____ Michael Jackson ?
3. Grégoire _____ bien le Japon.
4. Ah non ! Je ne _____ pas du tout cet homme.
5. Mon père et moi, nous _____ bien la mécanique.
6. Elles ne _____ pas encore bien leur travail.

LEÇON 09

SITUATION 2

piste 47

GRAMMAIRE

CONNAÎTRE

je connais   nous connaissons
tu connais   vous connaissez
il / elle connaît ils / elles connaissent

PARTIR

je pars   nous partons
tu pars   vous partez
il / elle part   ils / elles partent

Vous **connaissez** Jean Dujardin ?
 - Oui, je **connais**.
Vous **connaissez** Dijon ?
 - Non, je ne **connais** pas.
Vous **connaissez** le numéro de téléphone de Julien ?
 - Oui, c'est le 06-32-58-74-01.

Je voyage **en** France / **en** Asie.
Il va **au** Canada / **au** Japon.
On habite **aux** États-Unis / **aux** Philippines.
Vous êtes **à** Los Angeles / **à** Taïwan.

VOCABULAIRE

- janvier - février - mars
  avril - mai - juin
  juillet - août - septembre
  octobre - novembre - décembre

- le printemps   • une année
- l'été   • un mois
- l'automne   • une semaine
- l'hiver   • un jour

- un pays   • voyager
- les vacances   • vraiment
- mon copain / ma copine
- mon cousin / ma cousine

EXPRESSIONS

- Je pars en vacances.
- Je vais en vacances.

- Quand (ça) ? Où (ça) ? Qui (ça) ?

- Et attends !

EXERCICES

問題❷ （ ）内の正しいものを選びましょう．
(Choisissez la bonne réponse)

1. Je voudrais aller (AU / AUX) États-Unis mais c'est cher.
2. Aujourd'hui, il fait très beau (AU / EN / À L') Allemagne et aussi (AU / EN / À L') Italie.
3. (AUX / EN / AU) Afrique, il y a beaucoup d'animaux sauvages.
4. Il habite (EN / À / AU) Cuba ? - Non, il habite (EN / À / AU) Argentine.
5. L'été prochain, je pars en vacances (AU / EN / AUX) Japon et (À / AUX / EN) Chine.
6. Quelle chance ! Moi, je reste (EN / À / AU) Paris.

LEÇON 10

CONVERSATION 1 « *Je ne sais pas* »

🔊 piste 49

(Un couple discute)

Claire : Ce soir, on va dîner chez Pierre. Tu connais sa nouvelle adresse ?

Damien : Oui, je sais où il habite.
Tu sais, c'est près de la zone commerciale de Grandville. Tu connais ?

Claire : Euh, ah oui d'accord. Je connais bien cet endroit.

Damien : Je voudrais faire un cadeau à Pierre. Il aime beaucoup les vieux livres mais moi, je ne connais pas du tout ! Est-ce que tu sais où on achète ça ?

Claire : Ben oui, à la librairie du Lac, par exemple. Je connais bien le patron, il est très sympa.

Damien Parfait ! Allons-y !

EXERCICES

問題❶ SAVOIR を現在形に活用させましょう。(Complétez avec le verbe SAVOIR)

1. Je ne _____ pas où habite Marion.
2. Vous _____ comment aller au musée du Louvre ?
3. Marianne ne _____ pas qui est Michael Jackson.
4. Les parents de mon ami ne _____ pas conduire.
5. Mon frère et moi, nous _____ écrire et lire le chinois.

LEÇON 10

SITUATION 1

piste 50

GRAMMAIRE

SAVOIR

je sais	nous savons
tu sais	vous savez
il / elle sait	ils / elles savent

Vous **savez** où il habite ? - Oui, je **sais**.
Tu **sais** comment il s'appelle ? - Non, je ne **sais** pas.
Il **sait** nager mais il ne **sait** pas skier.

VOCABULAIRE

- discuter
- faire un cadeau
- acheter

- un couple
- une adresse
- une zone commerciale
- un endroit
- une librairie
- un patron / une patronne

- nouveau / nouvelle

EXPRESSIONS

- près de

- Je voudrais une baguette.
- Je voudrais aller en France.

- Parfait !

- Allons-y !
- On y va !

- Tu sais
- Vous savez

- D'accord

EXERCICES

問題❷ SAVOIR/CONNAÎTRE のどちらかを現在形に活用させましょう．
(Complétez avec le verbe SAVOIR ou CONNAÎTRE)

1. Est-ce que tu _____ l'adresse de Noé ?
   - Oui, je _____ où il habite.
2. Excusez-moi, vous _____ à quelle heure part le train ?
   - Désolé, je ne _____ pas les horaires.
3. Tes parents _____ que tu es au parc ?
   - Oui, ma mère _____ que je suis là.
4. Vous _____ le nouveau film de Spielberg ?
   - Oui, mais je ne _____ pas quand il sort.
5. Nous _____ bien la culture japonaise, mais on ne _____ pas du tout la culture indienne.

問題❸ SAVOIR を使って質問を完成させ，その質問に答えましょう．
(Complétez les questions avec le verbe SAVOIR, puis répondez aux questions)

1. Est-ce que vous _____ lire ? ➡ Oui, nous ...
2. Tu _____ nager ? ➡ Non, je ...
3. Est-ce que vos parents _____ utiliser un ordinateur ? ➡ Non, ils ...
4. Marie _____ cuisiner mexicain ? ➡ Oui, elle ...
5. En France, on _____ manger avec des baguettes ? ➡ ...

45

LEÇON 10

CONVERSATION 2 — « *Je ne sais pas* »

 piste 51

(Deux amies discutent de leur projet pour le week-end)

Maëva : On va à la patinoire avec Camille et ses copines, samedi après-midi. Tu veux venir avec nous ?

Chloé : Euh… oui, c'est gentil, mais je ne sais pas patiner.

Maëva : Ah, d'accord, c'est dommage. Mais si tu veux, je peux t'apprendre.

Chloé : C'est sympa de ta part Maëva, mais en fait, je ne peux pas patiner en ce moment, parce que j'ai une blessure au pied gauche.

Maëva : Ah bon, donc si je comprends bien, tu ne SAIS pas et tu ne PEUX pas patiner !

Chloé : Ce n'est pas grave, la prochaine fois.

Maëva : D'accord, bon rétablissement alors !

EXERCICES

問題❶ VOULOIR と POUVOIR のどちらかを現在形に活用させましょう．
(Complétez avec le verbe VOULOIR ou POUVOIR)

1. Quand on _____, on _____.
2. Je _____ nager mais je ne _____ pas parce que je n'ai pas mon maillot de bain.
3. Est-ce que je _____ ouvrir la fenêtre ? - Oui, si vous _____ .
4. Tu _____ un café ?
5. Mon amie ne _____ pas sortir avec moi parce qu'elle est fâchée.
6. Mes copains _____ aller au parc d'attractions, mais ils ne _____ pas parce qu'ils sont malades.

LEÇON 10

SITUATION 2

piste 52

GRAMMAIRE

POUVOIR
je peux   nous pouvons
tu peux   vous pouvez
il / elle peut   ils / elles peuvent

VOULOIR
je veux   nous voulons
tu veux   vous voulez
il / elle veut   ils / elles veulent

Est-ce que je **peux** ouvrir la fenêtre ?
Vous **pouvez** envoyer un mail au client ?

Vous **voulez** un café ? Vous **voulez** boire un café ?
Je ne **veux** pas manger de poisson. Je n'aime pas ça.

VOCABULAIRE

- venir
- patiner
- apprendre
- comprendre

- un projet
- un week-end
- une patinoire
- une blessure
- le pied gauche
- le pied droit

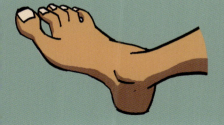

EXPRESSIONS

- c'est dommage
- c'est gentil

- si tu veux
- si vous voulez

- c'est sympa | de ta part
               | de votre part

- en ce moment

- si je comprends bien

- ce n'est pas grave

- la prochaine fois

- Bon rétablissement !

EXERCICES

問題❷ VOULOIR/POUVOIR/CONNAÎTRE/SAVOIR のいずれかを現在形に活用させましょう。
(Complétez avec le verbe VOULOIR, POUVOIR, CONNAÎTRE ou SAVOIR)

Julien : Tu _____ aller au cinéma ce soir ?
Marie : Oui je _____ bien, tu _____ un bon film ?
Julien : Oui, je _____ qu'il y a un film vraiment sympa en ce moment,
         mais je ne _____ pas le titre.
Marie : Tu ne _____ pas chercher sur internet ?

LEÇON 11

CONVERSATION 1

« C'est à quelle heure ? »

piste 54

(Deux frères sont au guichet de la gare de l'Est)

Éric : Bonjour madame, on voudrait deux allers simples pour Metz en TGV, s'il vous plaît.

La dame : C'est pour quand ?

Édouard : Le 23.

La dame : À quelle heure ?

Édouard : Vers huit heures du matin.

La dame : Attendez s'il vous plaît, je regarde.
(…) Alors, il y a un train à 7 h 58, un autre à 8 h 12, ou à 8 h 21.

Éric : Le train de 8 h 12 s'il vous plaît.

La dame : Ah attendez ! Ce train est complet.

Édouard : Zut ! Et le train de 8 h 21 ?

La dame : Oui, il y a de la place. En deuxième classe, messieurs ?

Édouard : Oui, s'il vous plaît. C'est combien ?

La dame : C'est 29 € par personne.

Éric : Voilà 60 €.

La dame : Merci. Et voici votre monnaie : 2 €

Les frères : Merci bien madame, au revoir.

La dame : Au revoir.

LEÇON 11

SITUATION 1

🔊 piste 55

GRAMMAIRE

Il est quelle heure ? - Il est 7 h 20.

- Le film est **à** quelle heure ? - Il est **à** 8 h 10.
- C'est **à** quelle heure ? - C'est **à** 8 h 10.

VOCABULAIRE

- 1 - 2 - 3 - 4 - 5 - 6 - 7 - 8 - 9
- 10 - 20 - 30 - 40 - 50 - 60 (voir p.7)

- un guichet
- une gare
- un train
- un aller simple
- un aller-retour

- **vers** huit heures
- autre

monsieur   **mes**sieurs
madame   **mes**dames
mademoiselle **mes**demoiselles

EXPRESSIONS

- Je vais à Metz **en** TGV.
- Attendez !
- en deuxième classe
- en première classe
- Le train est complet.
  Il y a de la place.
- C'est combien ?
- Voici votre monnaie.

EXERCICES

問題❶ 数字を書きましょう． (Écrivez les nombres)

1. Soixante-trois : _____
2. Quarante-et-un : _____
3. Quinze : _____
4. Huit : _____
5. Trente-neuf : _____
6. Vingt-six : _____
7. Cinquante-cinq : _____
8. Quatorze : _____
9. Quatre : _____
10. Quarante : _____
11. Douze : _____
12. Soixante-et-un : _____

問題❷ 質問に答えて，時間を文字で書きましょう．
(Répondez librement. Écrivez les heures en lettres)

1. À quelle heure est-ce que vous commencez le travail / l'école ?
   ➡ Je ...
2. En général, vous faites les courses à quelle heure ?
   ➡ Je ...
3. À quelle heure est votre leçon de français ?
   ➡ C'est ...
4. Vous rentrez à la maison à quelle heure le soir ?
   ➡ Je ...
5. À quelle heure est-ce que vous dînez ?
   ➡ Nous ...

49

LEÇON 11

CONVERSATION 2

« C'est à quelle heure ? »

 piste 56

(Un couple cherche un film à voir pour ce soir)

Pauline : On va voir un film ce soir ?

Mehdi : Bonne idée. Quel film ?

Pauline : Le nouveau film de Luc Besson ou le film d'animation de Miyazaki.

Mehdi : Je préfère le film de Miyazaki.

Pauline : D'accord.

Mehdi : Il y a quelles séances ?

Pauline : Alors il y a 3 séances : à 18 h 15, à 20 h 45 et à 23 h 30.

Mehdi : 6 heures et quart, c'est un peu tôt, et 11 heures et demie, c'est trop tard parce que je dois rentrer avant minuit.

Pauline : Bon, d'accord. Alors 9 heures moins le quart.

Mehdi : Parfait ! Alors on va manger vers 7 heures et demie, et puis on y va !

Pauline : Cool ! Vivement ce soir !

EXERCICES

問題❶ 時間を２つの言い方で書きましょう．(Écrivez l'heure de deux façons différentes)

a. 13 h 30 : … / …   f. 15 h 05 : … / …
b. 20 h 40 : … / …   g. 11 h 50 : … / …
c. 4 h 15 : … / …   h. 18 h 35 : … / …
d. 21 h 25 : … / …   i. 00 h 30 : … / …
e. 23 h 45 : … / …   j. 6 h 15 : … / …

GRAMMAIRE

🔊 piste 57

LEÇON 11

SITUATION 2

DEVOIR

je dois	nous devons
tu dois	vous devez
il / elle doit	ils / elles doivent

Il regarde **un** film. **Quel** film ?
Il regarde **une** série. **Quelle** série ?
Il regarde **des** magazines. **Quels** magazines ?
Il regarde **des** photos. **Quelles** photos ?

Quel est votre | prénom ?
                  | nom de famille ?
Quelle est votre profession ?
Quels sont vos loisirs ?
Quelles sont vos activités ?

VOCABULAIRE

- un film | d'animation
          | d'action
- une séance
- tôt
- tard
- rentrer
- avant
- après
- cool

EXPRESSIONS

- 10 h 15 / 22 h 15 : dix heures **et quart**
- 11 h 30 / 23 h 30 : onze heures **et demie**
- 8 h 45 / 20 h 45 : neuf heures **moins le quart**
- 9 h 50 / 21 h 50 : dix heures **moins** dix
- 12 h 20 : **midi** vingt
- 00 h 25 : **minuit** vingt-cinq

- Bonne idée !

- Vivement ce soir !
- Vivement les vacances !

EXERCICES

問題❷ 時間を数字で書きましょう。(Écrivez l'heure en chiffres)

1. Quatorze heures quinze : ____ h ____
2. Dix-neuf heures quarante-cinq : ____ h ____
3. Minuit et quart : ____ h ____
4. Midi moins le quart : ____ h ____
5. Sept heures et demie : ____ h ____ ou ____ h ____
6. Onze heures dix : ____ h ____ ou ____ h ____
7. Huit heures moins le quart : ____ h ____ ou ____ h ____

Exercices supplémentaires 3 et 4 page 100

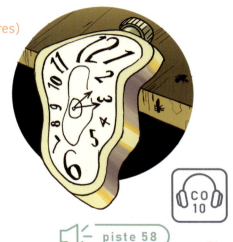

🔊 piste 58

LEÇON 12

CONVERSATION 1 — « *Et avec ceci ?* »

 piste 59

(À la boulangerie-pâtisserie)

La vendeuse : Bonjour monsieur, vous désirez ?

Mathieu : Je voudrais une baguette et deux pains au chocolat, s'il vous plaît.

La vendeuse : Très bien et avec ceci ?

Mathieu : Je vais prendre aussi des chouquettes.

La vendeuse : Il vous en faut combien ?

Mathieu : Une petite douzaine, s'il vous plaît.

La vendeuse : 1, 2, 3, 4, 5, 6, 7, 8, 9 et 10. C'est la dernière !

Mathieu : Dix, c'est parfait ! Ça fait combien ?

La vendeuse : Alors, une baguette : 0,80 €, 3 € les 2 pains au chocolat, et 0,20 € pièce les chouquettes, ça fait 5,80 € en tout.

Mathieu : Voici 20 €, je n'ai pas de monnaie.

La vendeuse : Ce n'est pas grave monsieur, voilà vos 14,20 €.

Mathieu : Merci, au revoir.

LEÇON 12 — SITUATION 1

GRAMMAIRE

🔊 piste 60

- Ça coûte combien ?
- Combien ça coûte ?

  Ça coûte cinq euros (5 €).

- C'est combien ?
- Combien c'est ?

  C'est quatre-vingt-neuf centimes (d'euro) (0,89 €).

- Ça fait combien ?
- Combien ça fait ?

  Ça fait dix euros soixante-dix (10,70 €).

VOCABULAIRE

- 60 - 70 - 80 - 90 - 100 (voir p.7)
- une pâtisserie
- une chouquette
- une baguette
- un pain au chocolat
- une douzaine
- le dernier / la dernière
- 2 euros pièce

EXPRESSIONS

- Vous désirez ?
- Je vais prendre…
- Et avec ceci ?
- Il vous en faut combien ?
- en tout
- J'ai de la monnaie.
- Je n'ai pas de monnaie.

EXERCICES

問題❶ 仲間はずれを探してみましょう。
(Trouvez et barrez l'intrus)

1. croissant - pain au chocolat - brioche - tarte aux pommes
2. éclair - pain aux raisins - chou à la crème - religieuse
3. pain de campagne - baguette - croissant - pain bâtard

問題❷ 値段を文字で書きましょう。
(Écrivez en lettres les prix)

a. 5,30 € → …
b. 89,90 € → …
c. 17,86 € → …
d. 55,10 € → …
e. 7,34 € → …
f. 0,75 € → …
g. 14,40 € → …
h. 71,66 € → …
i. 1,16 € → …

問題❸ le Vendeur（お店の人）？それとも le Client（お客さん）？以下の文を言っているのは，どちらですか？(Qui parle ? Le vendeur (V) ou le client (C) ?)

1. Ça fait combien ?   V / C
2. Il vous en faut combien ?   V / C
3. Et avec ceci ?   V / C
4. Je voudrais un croissant.   V / C
5. Vous désirez ?   V / C
6. Je vais prendre ça aussi.   V / C
7. Voilà vos 3 euros.   V / C

LEÇON 12

CONVERSATION 2 — « Et avec ceci ? »

piste 61

(À la FNAC, au rayon téléphone)

Alain : Bonjour, je voudrais changer de téléphone.

Le vendeur : Oui, d'accord, combien est-ce que vous voulez mettre ?

Alain : 250 ou 300 € maximum.

Le vendeur : Voyons voir, entre 250 et 300 €, nous avons ces 3 modèles. Le premier modèle est à 249,90 €, le deuxième à 290 € et le troisième est un peu plus cher, 319 €, mais il est plus récent.

Alain : Alors, euh…, je crois que je vais prendre le deuxième à 290 €. Et aussi une coque de protection.

Le vendeur : Très bien. Alors, j'ai juste deux modèles de coque en rayon : 25,99 € et 32,50 €.

Alain : Excusez-moi, mais les deux sont un peu trop chers pour moi. Je prends juste le téléphone.

Le vendeur : Entendu. La caisse est par là !

EXERCICES

問題❶ LE/LA/L'/LES のいずれかを使って質問を完成させ，その質問に答えましょう．
(Complétez les questions avec LE / LA / L' / LES, et répondez)

1. Combien coûtent _____ écouteurs ? → …
2. Combien coûte _____ télévision ? → …
3. Combien coûtent _____ chaussures de luxe ? → …
4. Combien coûte _____ ordinateur ? → …
5. Combien coûte _____ voiture ? → …
6. Combien coûte _____ lit ? → …

LEÇON 12 — SITUATION 2

GRAMMAIRE

piste 62

le **premier** jour / la **première** fois
le **deuxième** jour / la **deuxième** fois
le **troisième** jour / la **troisième** fois
le **dixième** jour / la **dixième** fois
le **dernier** jour / la **dernière** fois

Je vais prendre le menu **à** douze euros (12 €).
Ce menu est **à** douze euros (12 €).

Je voudrais le modèle **à** deux cent quatre-vingt-dix euros (290 €).
Ce modèle est **à** deux cent quatre-vingt-dix euros (290 €).

VOCABULAIRE

- le rayon | vêtements
           | livres
           | crèmerie

- une coque de protection
- une caisse

- changer
- mettre

- cher / chère
- récent / récente

- plus   • juste

- maximum
- minimum

EXPRESSIONS

- Combien est-ce que vous voulez mettre ?

- Voyons voir…

- Je crois que…

- Excusez-moi, mais…

- Entendu.

- C'est par ici.
- C'est par là.
- C'est par là-bas.

- **entre** 5 **et** 10 €

EXERCICES

問題❷ 正しい数字に○をつけましょう．(Entourez le nombre correct)

1. Sept cent soixante-dix-huit euros cinquante : 768,50 € / 778,50 €
2. Huit mille six cent six euros : 8660 € / 8606 €
3. Quatre-vingts centimes : 0,80 € / 0,24 €
4. Trois mille cinq cent quarante euros : 3450 € / 3540 €
5. Mille cent dix euros : 1100 € / 1110 €
6. Neuf cent quatre-vingt-dix-neuf euros quatre-vingt-neuf : 999,99 € / 999,89 €

Exercice supplémentaire 3 page 101

piste 63

LEÇON 13

CONVERSATION 1

« *Il pleut aujourd'hui ?* »

piste 64

(Une maman parle avec son fils)

Le fils : Maman, il fait quel temps aujourd'hui ?

La mère : Attends, je regarde la météo sur mon téléphone.
(…)
La mère : Alors, ce matin, il fait beau et chaud.
Il fait 24 degrés.

Le fils : Alors, je mets un t-shirt.

La mère : Oui mais attends, cet après-midi il pleut donc prends un parapluie.

Le fils : Et il fait froid ce soir ?

La mère : 11 degrés apparemment.

Le fils : Quoi ? Je prends une veste alors.

La mère : Oui, mets ta veste après l'école.

EXERCICES

問題❶ 天気と気温を文にして答えましょう．(Indiquez le temps et la température)

1. Il fait quel temps à Madrid ? (chaud / 40°) ➡ …
2. Il fait quel temps à Paris ? (pluie / 18°) ➡ …
3. Il fait quel temps à Moscou ? (froid / 2°) ➡ …
4. Il fait quel temps à Tokyo ? (soleil / 15°) ➡ …

56

LEÇON 13 — SITUATION 1

GRAMMAIRE

🔊 piste 65

PRENDRE

je prends	nous prenons
tu prends	vous prenez
il / elle prend	ils / elles prennent

METTRE

je mets	nous mettons
tu mets	vous mettez
il / elle met	ils / elles mettent

- Il fait quel temps ?
- Quel temps fait-il ?

- Il fait combien ?
- Quelle est la température ?

Il fait | beau.
        | froid.
        | chaud.

Il fait 20 degrés.
Il fait -10 degrés.
La température est **de** 20 degrés.

- Il pleut.

VOCABULAIRE

- une maman
- un papa

- la météo
- une veste
- un t-shirt
- un parapluie

- un degré (1°C)

- apparemment

EXPRESSIONS

- Quoi ?

EXERCICES

問題❷ (　)内の動詞を現在形に活用させ，以下の天気の表現のいずれかを使って文を完成させましょう。(Conjuguez le verbe entre parenthèses et complétez avec une expression de temps)

il neige - il fait froid - il fait beau - il pleut - il fait chaud - il fait frais

1. Je _____ (prendre) un parapluie quand _____ .
2. Vous _____ (mettre) des lunettes de soleil quand _____ .
3. Mes amis _____ (mettre) des bottes et des gants quand _____ .
4. Nous _____ (prendre) une veste quand _____ le soir.
5. Elle _____ (prendre) une ombrelle et un éventail quand _____ .
6. Tu _____ (mettre) une écharpe quand _____ .

LEÇON 13

CONVERSATION 2 — « Il pleut aujourd'hui ? »

 piste 66

(La météo télévisée)

Bonsoir à tous, voici la météo de l'Europe pour demain, vendredi 23 avril.

Tout d'abord, le nord.
Aux Pays-Bas, il fait nuageux et 8° à Amsterdam.
En Belgique, même chose mais 10 à Bruxelles.
Puis, au Luxembourg, il y a un peu de soleil, 14°, tout comme à Berlin en Allemagne.

Chez nous, ensuite, dans l'Hexagone, du soleil et des températures très douces dans le nord, 20° à Paris, et dans le sud, 23° à Marseille et à Biarritz.

En Suisse, il fait bon aussi, 21°.

Enfin, le sud de l'Europe.
Au Portugal et en Espagne : entre 20 et 25° pour demain.

Et on termine avec l'Italie...
Oh là là, il fait mauvais dans tout le pays avec un petit 9° à Rome.

Sur ce, bonne soirée et à demain !

EXERCICES

問題❶ 答えを自分で考えて書きましょう．(Imaginez les réponses)

1. En janvier, à Paris, il fait chaud ou il fait froid ? → ...
2. En été, à Barcelone, il fait quel temps ? → ...
3. En décembre, à Moscou, il fait chaud ou il fait froid ? → ...
4. Et dans votre pays, en été, il fait quel temps ? → ...
5. Et dans votre ville, en hiver, il fait sec ou humide ? → ...

問題❷ À/AU/AUX/EN のいずれかを使って，文の空欄を埋めましょう．
(Complétez avec À / AU / AUX / EN)

1. _____ Italie, _____ Milan, il fait 23°.
2. _____ Belgique, _____ Bruxelles, il fait 14°.
3. _____ Canada, _____ Montréal, il fait 6°.
4. _____ États-Unis, _____ Chicago, il fait 11°.
5. _____ Corée du Sud, _____ Séoul, il fait 20°.
6. _____ Taïwan, _____ Taipei, il fait 30°.

LEÇON 13

SITUATION 2

piste 67

GRAMMAIRE

Il fait	beau.	Il fait	bon.	Il fait	humide.
	nuageux.		doux.		sec.
	mauvais.		frais.		
	gris.				
	pluvieux.	Il y a	du soleil.	⚠	Il pleut.
	orageux.		des nuages.		Il neige.
			du vent.
			de l'orage.

VOCABULAIRE

- le journal télévisé
- une série télévisée

- voici
- voilà

- l'Europe
- les Pays-Bas : Amsterdam
- la Belgique : Bruxelles
- le Luxembourg : Luxembourg
- l'Allemagne : Berlin
- l'Hexagone = la France : Paris
- la Suisse : Berne
- le Portugal : Lisbonne
- l'Espagne : Madrid
- l'Italie : Rome

EXPRESSIONS

- Bonsoir à tous !

- (Tout) d'abord
- Puis
- Ensuite
- Enfin

- (la) même chose

- tout comme

- On termine | avec
             | par

- Oh là là !

- Sur ce

EXERCICES

問題❸ 例にならって，文を完成させましょう．
(Complétez les phrases comme dans l'exemple)

Ex. : Christian est autrichien mais il n'habite pas en Autriche.
Il habite à Pékin en Chine.

1. Gaétan est français mais _____ .
   Il habite _____ Londres _____ Angleterre.
2. Mario et Luigi sont italiens mais _____ .
   Ils _____ _____ Francfort _____ Allemagne.
3. Je _____ belge mais _____ .
   J' _____ _____ Lisbonne _____ Portugal.
4. Tu _____ suédois mais _____ .
   Tu _____ _____ Hong-Kong.
5. Vous _____ français mais _____ .
   Vous _____ _____ Tokyo _____ Japon.

piste 68

LEÇON 14

CONVERSATION 1

« C'est au troisième étage »

VOICI LES CLÉS DE L'APPARTEMENT.

(Dans une agence immobilière)

Un client : Je voudrais des renseignements sur l'appartement de la Rue Saint-Michel.

L'agent : Oui bien sûr, voici le plan et les informations.
C'est un appartement avec cinq pièces et un garage.
Il se trouve au troisième étage avec ascenseur.
Quand vous entrez dans l'appartement, le salon est à gauche.
À droite, il y a les toilettes, et la salle de bains est en face du salon.
Au fond du couloir, à gauche, il y a la chambre, elle fait 12 m^2, spacieuse et claire.
Et en face de la chambre, vous avez la cuisine avec deux fenêtres.
Enfin, cet appartement a un très grand balcon de 5 m^2.
Il est au bout du couloir avec vue sur la mer.

Le client : Très bien, merci.
Est-ce que je peux le visiter ?

EXERCICES

問題❶ SUR/SOUS/DANS のいずれかを使って，文の空欄を埋めましょう．
(Complétez avec SUR / SOUS / DANS)

1. La plante est _____ le balcon.
2. Les clés sont _____ le tiroir.
3. Mon livre est _____ mon sac.
4. J'aime marcher _____ la pluie.
5. Il y a un bébé _____ la photo.
6. Pendant le repas, nos jambes sont _____ la table.
7. La banque est _____ la rue Pompidou.
8. L'Arc de Triomphe est _____ la place Charles-de-Gaulle.

 piste 70

LEÇON 14

SITUATION 1

GRAMMAIRE

Le salon est **à gauche** (de la salle de bains).
La cuisine est **à droite** (de l'entrée).
Les toilettes sont **à côté** (de la salle à manger).
L'ascenseur est **au bout** (du couloir).
Le garage est **au fond** (du jardin).
L'appartement est **en face** (de la mer).
La chambre est **entre** la cuisine **et** le séjour.

VOCABULAIRE

- une agence immobilière
- un renseignement
- une rue
- un plan
- une information
- une pièce (de la maison)
- un agent
- un client / une cliente

- entrer (dans un café)
- visiter un appartement

EXPRESSIONS

- L'appartement fait 35 mètres carrés. (35 m^2)

- avec vue | sur la mer
             sur la montagne

EXERCICES

問題❷ 場所を表す前置詞（本ページ上を参照）と適切な冠詞を使って，文の空欄を埋めましょう．
(Complétez avec les prépositions de lieu et les articles correspondants)

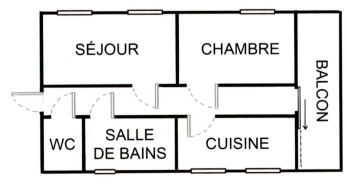

1. Où est la salle de bains ? - Elle est _____ _____ _____ séjour.
2. Qu'est-ce qu'il y a _____ _____ toilettes et _____ cuisine ? - Il y a la salle de bains.
3. Où est le séjour ? - Il est _____ _____ _____ _____ entrée.
4. Le balcon est où ? - Il est _____ _____ _____ couloir.
5. Qu'est-ce qu'il y a _____ _____ _____ _____ entrée ? - Il y a les toilettes.
6. Le séjour est _____ _____ _____ chambre.

61

LEÇON 14

CONVERSATION 2

« C'est au troisième étage »

(Deux personnes regardent le plan du quartier dans la rue) (voir carte point A p.101)

Le 1er homme : Excusez-moi monsieur, elle est où la gare sur le plan ?

Le 2e homme : Elle est ici, entre la pâtisserie et le cinéma, en face de la poste.

Le 1er homme : Merci.
Comment est-ce qu'on y va ?
Est-ce que c'est loin à pied ?

Le 2e homme : Un peu, oui.
Vous allez tout droit jusqu'au bout de la rue, vous prenez à droite à la bibliothèque puis vous traversez le pont.

Ensuite, vous continuez tout droit, vous passez devant la banque et vous tournez à droite.
Vous arrivez à un carrefour avec une pâtisserie au coin.
Vous prenez à gauche et la gare est juste après la pâtisserie.

Le 1er homme : En effet, c'est un peu loin.
Alors, j'y vais en taxi.

Le 2e homme : Ou bien prenez le bus !
Il passe juste ici.

EXERCICES

問題❶ LE / LA / L' / EN / À のいずれかを使って，文の空欄を埋めましょう．
(Complétez les phrases)

1. Il prend _____ bus pour aller à la gare.
2. Nous allons à l'aéroport _____ taxi.
3. Vous allez au bureau _____ pied ou _____ vélo ?
4. Je ne prends jamais _____ avion.
5. Tu vas à l'université _____ métro ?
6. Vous prenez _____ train ou _____ voiture pour aller en vacances ?

LEÇON 14

SITUATION 2

piste 72

GRAMMAIRE

Vous allez tout droit.
Vous prenez à gauche.
Vous traversez la route.
Vous continuez dans la rue.
Vous passez devant l'école.
Vous tournez à droite.
Vous arrivez à la gare.

Tu vas comment **au bureau** ?
- Je vais **au bureau** en métro. → J'**y** vais en métro.
- Je prends le métro.

Comment est-ce que vous allez **chez votre ami** aujourd'hui ?
- Je vais **chez mon ami** en voiture. → J'**y** vais en voiture.
- Je prends la voiture.

Vos enfants vont comment à l'école ?
Ils vont à l'école à pied. → Ils **y** vont à pied.

VOCABULAIRE

- un quartier
- un cinéma
- une poste
- une bibliothèque
- un pont
- un carrefour

- un taxi

- loin (de)
- près (de)

- au coin (de)

EXPRESSIONS

- En effet
- Ou bien

EXERCICES

問題❷ 以下の文を TU で書き換えましょう。(Réécrivez les phrases ci-dessous avec «TU»)

1. Vous allez tout droit jusqu'au bout de la rue, vous prenez à droite à la bibliothèque puis vous traversez le pont.
2. Ensuite, vous continuez tout droit, vous passez devant la banque et vous tournez à droite.
3. Vous arrivez à un carrefour avec une pâtisserie au coin.
4. Vous prenez à gauche et la gare est juste après la pâtisserie.

Exercices supplémentaires 3 et 4 page 101

63

LEÇON 15

CONVERSATION 1 — « *On se prépare* »

🔊 piste 74

(Le professeur pose des questions à deux étudiants)

Le professeur : En général, qu'est-ce que vous faites le dimanche ?
Jonathan, vous vous levez à quelle heure ?

Jonathan : Je me lève tôt, à 6 h 30.

Le professeur : Ah bon ! Pourquoi si tôt ?

Jonathan : Parce que je m'entraine, j'ai foot à 8 h.
D'abord, je me lève, je me douche, je m'habille.
Ensuite, je prends mon petit déjeuner, je me brosse les dents et enfin je pars à 7 h 30.
Et toi Denis, tu te lèves à quelle heure ?

Denis : Moi ? Je me lève très tard, vers 11 h.

Le professeur : Vous vous reposez, c'est bien.

Denis : Oui, en fait, le samedi soir, je me couche tard vers 2 h du matin.

Jonathan : Le dimanche matin, tu fais quoi quand tu te lèves ?

Denis : Moi, je ne me douche pas le matin.
Je me lave juste le visage et je m'habille.
Après, je déjeune avec mes parents et l'après-midi, je sors m'amuser avec mes copains.

LEÇON 15

SITUATION 1

GRAMMAIRE

SE LEVER		SE COUCHER	
je **me** lève	nous **nous** levons	je **me** couche	nous **nous** couchons
tu **te** lèves	vous **vous** levez	tu **te** couches	vous **vous** couchez
il / elle **se** lève	ils / elles **se** lèvent	il / elle **se** couche	ils / elles **se** couchent

Tu te douches le matin ? - Non, je me douche le soir.

Vous vous promenez le week-end ? - Oui, on se promène au parc.

Elle se repose ce soir ? - Non, elle <u>ne</u> se repose <u>pas</u>, elle travaille.

VOCABULAIRE

- poser une question
- s'entrainer
- se doucher
- s'habiller
- se brosser | les dents
             | les cheveux
- se laver

- déjeuner
- diner

- sortir
- s'amuser

- un professeur / une professeure

- le visage

- les parents

EXPRESSIONS

- en général

- J'ai | foot.
        | français.
        | musique.

- prendre le | petit-déjeuner
              | déjeuner
              | diner

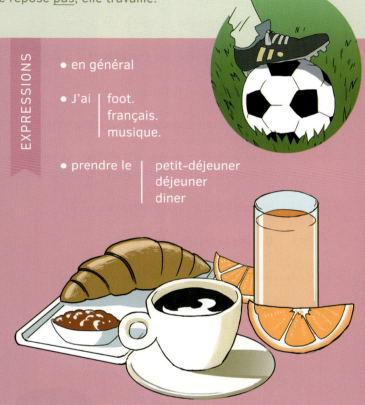

EXERCICES

問題❶ 以下の文を指定された主語で書き換えましょう。
(Reformulez les phrases avec le sujet proposé)

1. En général, je me lève à 6 h, je me douche, puis je m'habille. ➡ Vous...
2. Le soir, je me brosse les dents, et je me lave le visage. ➡ Il...
3. Je me promène dans le parc et je m'amuse avec les enfants. ➡ Nous...
4. Je ne me douche pas le matin et je ne prends pas mon petit-déjeuner. ➡ Tu...
5. Après le travail, je me repose et je me couche vers minuit. ➡ On...

Exercice supplémentaire 2 page 102

LEÇON 15

CONVERSATION 2 — « On se prépare »

🔊 piste 76

(Deux lycéennes discutent à la fin de la journée)

Laure : Allez, salut Anaïs, à demain !

Anaïs : On se téléphone ce soir pour dimanche ?

Laure : Ah oui c'est vrai. On s'appelle à 8 h alors.

(Le soir à 8 h au téléphone)

Laure : Alors, on fait comment pour dimanche ?

Anaïs : La séance commence à 9 h donc on se donne rendez-vous vers 8 h, et comme ça on peut manger quelque chose avant le film.

Laure : Bonne idée, et on se retrouve où ?

Anaïs : Devant le McDo, ça va ?

Laure : Super. À dimanche alors.

Anaïs : Ben non, on se voit demain au lycée.

Laure : Ah oui…

66

LEÇON 15

SITUATION 2

GRAMMAIRE

🔊 piste 77

Deux collègues se rencontrent à la cafétéria et ils se saluent.

On se tutoie ? On se fait la bise ?

Mes parents s'aiment
et ils s'embrassent tous les matins.

VOCABULAIRE

- se téléphoner
- s'appeler
- se donner rendez-vous
- se retrouver
- se voir

- commencer

- quelque chose
- demain

- un lycée

EXPRESSIONS

- à la fin | de la journée
  | de la semaine
  | du mois
  | de l'année

- Ah oui c'est vrai !

- comme ça

- Ben oui.
- Ben non.

EXERCICES

問題❶ （ ）内の動詞を現在形に活用させましょう．(Conjuguez le verbe)

1. On _____ (se retrouver) où ?
2. On _____ (se voir) demain à 14 h 30 !
3. Nous _____ (se téléphoner) ce soir.
4. Ils ne _____ (se parler) jamais.
5. Vous _____ (se donner) rendez-vous sur la place à 19 h 45.

問題❷ 以下の文を否定形に書き換えましょう．(Mettez à la forme négative)

1. Vous vous rencontrez tous les matins. ➡ …
2. Ils s'embrassent avant de partir. ➡ …
3. Jacques et Martine se disent bonjour dans la rue. ➡ …
4. On s'appelle souvent après le dîner. ➡ …
5. Julie et moi, nous nous disputons régulièrement. ➡ …

🔊 piste 78

LEÇON 16
CONVERSATION 1
« Elle est plus grande que moi »

piste 79

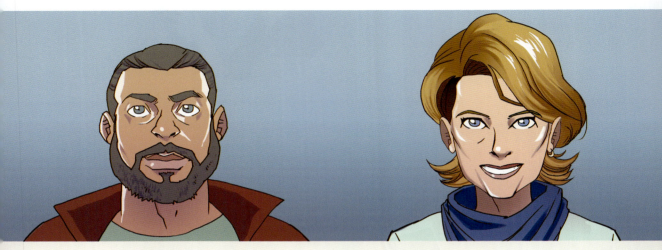

MONSIEUR LOISEAU	MADAME PATOU
43 ans	43 ans
1,82 m	1,75 m
80 kilos	58 kilos
2 enfants	2 enfants
2 verres de vin par jour	1 verre de vin par semaine
3 semaines de vacances par an	6 semaines de vacances par an
2 h de sport par semaine	1 h de sport par semaine
2000 € par mois	3000 € par mois
35 h de travail par semaine	35 h de travail par semaine

Monsieur Loiseau est aussi âgé que madame Patou.
Madame Patou est moins grande que monsieur Loiseau.
Monsieur Loiseau est plus gros que madame Patou.

Monsieur Loiseau a autant d'enfants que madame Patou.
Madame Patou boit moins de vin que monsieur Loiseau.
Madame Patou a plus de vacances que monsieur Loiseau.
Monsieur Loiseau fait plus de sport que madame Patou.

Monsieur Loiseau gagne moins que madame Patou.
Madame Patou gagne plus que monsieur Loiseau.
Monsieur Loiseau travaille autant que madame Patou.

LEÇON 16

SITUATION 1

GRAMMAIRE

- L'éléphant est **plus** gros **que** la souris.
- La souris est **moins** grosse **que** l'éléphant.
- La souris est **aussi** grosse **que** le hamster.

- J'ai **plus de** livres **que** toi.
- Tu as **moins de** livres **que** moi.
- J'ai **autant de** livres **que** toi.

- Les Japonais travaillent **plus que** les Français.
- Les Français travaillent **moins que** les Japonais.
- Les Français travaillent **autant que** les Japonais.

VOCABULAIRE

- un kilo
- un mètre
- un verre de vin

- âgé / âgée
- gros / grosse

- gagner

- ~~plus bon~~ → meilleur
- ~~plus bien~~ → mieux

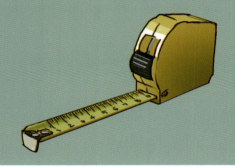

EXERCICES

問題❶ PLUS/MOINS/AUSSI のいずれかを使って文の空欄を埋めましょう。
必要に応じて形容詞を一致させましょう。(Comparez en utilisant PLUS / MOINS / AUSSI, et complétez la terminaison de l'adjectif si nécessaire)

1. En été, les températures sont _____ haut___ qu'en hiver.

2. Une voiture Ferrari est _____ cher___ qu'une Renault.

3. Le Japon est _____ grand___ que les États-Unis.

4. Anne et Marc ont 12 ans : Anne est _____ âgé___ que Marc.

5. La voiture est _____ rapide___ que l'avion.

6. Pauline et moi, on fait 1,76 m : Pauline est _____ grand___ que moi.

7. Le mois d'août est _____ humide___ que le mois de janvier à Tokyo.

8. La soupe de ma mère est _____ (bon) que la soupe de la cantine.

Exercice supplémentaire 2 page 102

LEÇON 16

CONVERSATION 2

« *Elle est plus grande que moi* »

piste 81

(Monsieur Tanaka visite Paris avec une guide française)

La guide :   La tour Eiffel ? Oui, elle est magnifique.
À ce propos, elle est plus grande ou moins grande que la tour de Tokyo ?

M. Tanaka :   La tour Eiffel est moins grande que la tour de Tokyo, mais elle est plus vieille.

La guide :   Et d'après vous, est-ce qu'il y a plus de touristes ou moins de touristes qu'à la tour de Tokyo ?

M. Tanaka :   Ben, je pense qu'il y a plus de visiteurs à la tour Eiffel.

La guide :   Oui, tout à fait.
Allez, maintenant direction le Louvre !

Tour de Tokyo	Tour Eiffel
332 m	324 m
1958	1889

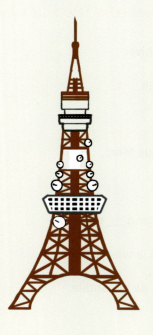

LEÇON 16
SITUATION 2

VOCABULAIRE
- un guide / une guide
- un touriste / une touriste
- un visiteur / une visiteuse

- magnifique

- la tour de Tokyo
- la tour Eiffel

- vieux / vieille
- vieux / vieilles
  - ⚠ un vieil ami
  - un vieil hôtel

- maintenant

EXPRESSIONS
- À ce propos,

- D'après vous,
- D'après moi,

- Tout à fait.

- Direction | Paris.
              le Louvre.

EXERCICES

問題❶ 比較対象の情報を参考にして，（　）内の語を使って比較文を作りましょう．
(Comparez les éléments suivants. Conjuguez le verbe et faites les accords si nécessaire)

L'Arc de Triomphe :　　　　　　　　　1836　　　　　2 millions de touristes par an
La basilique du Sacré-Cœur :　　　　　1923　　　　　11 millions de touristes par an

1. L'Arc de Triomphe　(être / vieux)　la basilique du Sacré-Cœur.
2. La basilique du Sacré-Cœur　(avoir / touristes)　l'Arc de Triomphe.

La tour One World Trade Center :　　　541 m　　　　2014　　　　104 étages
La tour Tokyo Sky Tree :　　　　　　　634 m　　　　2012　　　　28 étages

3. La tour One World Trade Center　(être / haut)　la tour Tokyo Sky Tree.
4. La tour Tokyo Sky Tree　(être / ancien)　la tour One World Trade Center.
5. La tour One World Trade Center　(avoir / étages)　la tour Tokyo Sky Tree.

LEÇON 17

CONVERSATION 1

piste 83

(Un homme rentre chez lui après son travail le soir)

La femme : Bonsoir chéri, alors tu as passé une bonne journée ?

Le mari : Oui, j'ai travaillé comme d'habitude, j'ai rencontré un nouveau client et nous avons déjeuné ensemble au restaurant.
Nous avons beaucoup parlé de notre futur projet.

La femme : Vous avez passé un contrat ?

Le mari : Oui, le client a signé et nous avons célébré ça avec un bon champagne.

La femme : C'est super, félicitations !

EXERCICES

問題❶ （　）内の動詞を複合過去形に活用させましょう．(Complétez au passé composé)

1. Je _____ . (manger)
2. Tu _____ . (travailler)
3. Il _____ le français. (étudier)
4. Nous _____ la musique. (écouter)
5. Vous _____ la télévision ? (regarder)
6. Elles _____ un email. (envoyer)
7. On _____ . (déménager)

問題❷ 以下の文章を複合過去形に書き換えましょう．(Transformez le texte au passé composé)

Samedi, Julien étudie le français et il déjeune avec sa famille à midi.
Ensuite, il travaille de 14 h à 18 h 30, et le soir il dîne à la maison.
Dimanche, il regarde la télévision le matin et il prépare le repas.
L'après-midi, il visite un musée avec son ami.
Ils mangent un croissant à 16 h et ils parlent jusqu'à 20 h.

GRAMMAIRE

🔊 piste 84

LEÇON 17

SITUATION 1

TRAVAILLER

j'ai
tu as
il / elle / on a   travaillé
nous avons
vous avez
ils / elles ont

MANGER

je n'ai pas
tu n'as pas
il / elle / on n'a pas   mangé
nous n'avons pas
vous n'avez pas
ils / elles n'ont pas

Vous avez travaillé aujourd'hui ?
– Non, je n'ai pas travaillé.

VOCABULAIRE

- (mon) chéri / (ma) chérie

- futur / future

- passer | un contrat
  signer |

- rencontrer
- célébrer

- ensemble

- le champagne

EXPRESSIONS

- J'ai passé | un bon moment.
             | de bonnes vacances.

- comme d'habitude

- Félicitations !

EXERCICES

問題❸ 問題②をもう一度やりましょう．今回は JULIEN を JE，それから TU に置き換えて文章を複合過去形に書きましょう．
(Refaites l'exercice 2 au passé composé en remplaçant Julien par «JE», puis par «TU»)

1. Samedi, je …
2. Samedi, tu …

LEÇON 17

CONVERSATION 2

piste 85

« Tu as passé une bonne journée ? »

Mickaël : Qu'est-ce que vous avez fait ce weekend ?

Son collègue : Samedi, j'ai dormi jusqu'à midi, j'ai fait la grasse matinée.
Ensuite, j'ai pris une douche, j'ai bu un café, j'ai lu le journal et j'ai préparé mon déjeuner. Et vous ?

Mickaël : Oh moi tranquille, je n'ai rien fait de spécial.
Mais dimanche, j'ai reçu des amis à la maison parce que j'ai fêté mon anniversaire.

Son collègue : Super ! Joyeux anniversaire alors !

Mickaël : Merci beaucoup.
Je suis content parce qu'on m'a offert un nouveau vélo et il est vraiment bien.

Son collègue : Ah c'est vrai, moi aussi je fais du vélo.
Et justement dimanche, j'ai fait une balade le long de la rivière avec mes enfants.
Malheureusement, il a plu l'après-midi et on a dû rentrer plus tôt.

EXERCICES

問題❶ （　）内の正しい過去分詞を選びましょう。（Choisissez le participe passé correct）

1. J'ai (pris / prendu) le train jusqu'à l'aéroport.
2. Tu as (li / lu) le dernier roman d'Amélie Nothomb ?
3. Nous avons (fait / fais) le ménage ce matin.
4. Il a (offri / offert) un cadeau d'anniversaire à son oncle.
5. Qu'est-ce que vous avez (bu / boivu) ce midi ?
6. Ce week-end, il a (plu / pleuvu).
7. Cette nuit, j'ai (dormis / dormi) huit heures.

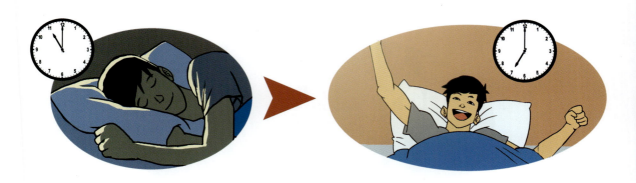

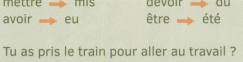

LEÇON 17

SITUATION 2

GRAMMAIRE

faire → fait
dormir → dormi
prendre → pris
offrir → offert
mettre → mis
avoir → eu

boire → bu
lire → lu
recevoir → reçu
pleuvoir → plu
devoir → dû
être → été

Tu as pris le train pour aller au travail ?
- Oui, j'ai pris le train.
- Non, je n'ai pas pris le train.

VOCABULAIRE

- une douche
- une balade
- une rivière

- préparer
- fêter

- tranquille
- content / contente

- justement
- malheureusement

- jusqu'à
- le long de

EXPRESSIONS

- faire la grasse matinée

- (Je n'ai) rien (fait) de spécial.

- Joyeux | anniversaire !
- Bon

EXERCICES

問題❷ （ ）内の動詞を複合過去形に活用させて、文の空欄を埋めましょう。
(Conjuguez les verbes au passé composé)

1. (prendre / mettre) Jérôme _____ un parapluie et il _____ son manteau.
2. (dire / comprendre) Qu'est-ce que tu _____ ?
   - Je _____ mal _____ .
3. (visiter / voir) Avec mon père, nous _____ le zoo et nous _____ des girafes.
4. (passer / faire) Vous _____ une bonne journée ?
   - Oui, je _____ une randonnée à vélo avec ma famille.
5. (recevoir / répondre) Je _____ un message d'Aurélie, mais je n'_____ pas encore _____ .
6. (perdre / devoir) Je _____ mon portefeuille. Je _____ téléphoner à la police.

Exercice supplémentaire 3 page 102

LEÇON 18

CONVERSATION 1

« *Ils sont restés trois jours* »

piste 88

(Deux mères de famille parlent)

Madame Chardin : Votre fille est rentrée de son voyage scolaire ?

Madame Lefèvre : Oui, ils sont rentrés hier soir.

Madame Chardin : Alors, elle a aimé ? Racontez-moi !

Madame Lefèvre : Oh, elle est ravie de son séjour.
Elle est partie avec ses camarades dimanche dernier, ils sont arrivés en Normandie à 18 heures.

Madame Chardin : Ils y sont restés combien de temps ?

Madame Lefèvre : Ils sont restés 3 jours et puis ils sont allés en Bretagne pendant 2 jours. Mais il y a eu un petit problème vendredi matin.

Madame Chardin : Ah bon ? Avec votre fille ?

Madame Lefèvre : Non non. Un camarade de sa classe est tombé pendant une randonnée et il est revenu à Paris plus tôt avec un professeur.

EXERCICES

問題❶ （ ）以下の文章を複合過去形に書き換えましょう．話しているのは女性です．
(Mettez le texte au passé composé. Une fille parle)

Samedi, je vais au cinéma avec mes amies à 14 h, et après nous allons au café pour discuter. Nous rentrons à la maison vers 18 h et nous dînons ensemble. Le soir, nous sortons prendre un verre au bar. Et dimanche, mon cousin vient à la maison avec sa famille. Ils restent toute la journée et nous jouons aux cartes. Ils partent à 23 h.

➡ Samedi, je ...

76

piste 89

LEÇON 18

SITUATION 1

GRAMMAIRE

ALLER

je suis all**é(e)**
tu es all**é(e)**
il / elle / on est all**é(e)(s)**
nous sommes all**é(e)s**
vous êtes all**é(e)(s)**
ils / elles sont all**é(e)s**

rentrer → rentré
partir → parti
arriver → arrivé
rester → resté
aller → allé
tomber → tombé
(re)venir → (re)venu
passer → passé

Vous êtes all**é(e)** au supermarché ce week-end ?
- Oui, je suis all**é(e)** au supermarché.
- Non, je ne suis pas all**é(e)** au supermarché.

VOCABULAIRE

- un voyage (scolaire)
- un séjour
- un camarade / une camarade
- un problème
- une classe
- une randonnée

- ravi / ravie

- pendant

- la Normandie
- la Bretagne

EXPRESSIONS

- Raconte-moi !
- Racontez-moi !

Combien de temps ?
- Trois jours.

EXERCICES

問題❷ 問題①をもう一度やりましょう．今回は JE を TU（男性）に，それから ELLE に置き換えて文章を複合過去形に書きましょう．(Refaites l'exercice 1 au passé composé en remplaçant «JE» par «TU (masculin)», puis par «ELLE»)

1. Samedi, tu ...
2. Samedi, elle ...

問題❸ M.Lafont を Mme Claude に置き換えて以下の文を書き換えましょう．
(Réécrivez les phrases en remplaçant «M. Lafont» par «Mme Claude»)

Monsieur Lafont est né en 1950. Il est mort en 2017.
Il est allé au Tibet. Il est monté sur l'Himalaya.
Il est aussi allé en Sicile. Il est descendu dans le cratère de l'Etna.

→ Madame Claude ...

LEÇON 18

CONVERSATION 2

« Ils sont restés trois jours »

 piste 90

(Un garçon écrit à ses parents de chez sa cousine Karine)

Chère Maman, cher Papa.
J'espère que vous allez bien.
Ici, les vacances sont super et il fait beau.

Le premier jour, on a visité un musée, c'était vraiment intéressant mais il y avait beaucoup de monde.
Le soir, on a dîné au resto et j'ai goûté des escargots : c'était pas mauvais.

Le deuxième jour, on n'est pas sortis, on a joué aux jeux vidéo avec Karine toute la journée.
On s'est bien amusés.
Ce soir-là, nous nous sommes couchés tôt parce que le lendemain on s'est levés à 4 heures pour aller pêcher au lac.

C'est bientôt la fin des vacances et je n'ai pas encore eu le temps de finir mes devoirs.

Sur ce, je vous embrasse et je vous dis à très bientôt.

     Bises, David.

EXERCICES

問題❶ 複合過去形で，可能な疑問文を１つ書きましょう．
(Trouvez une question possible au passé composé)

1. Hier soir, je suis allée au théâtre. ➡ ... ?
2. Non, nous ne sommes pas rentrés tard. ➡ ... ?
3. On est restés jusqu'à cinq heures. ➡ ... ?
4. Il est venu en train. ➡ ... ?
5. Oui, nous avons passé une excellente soirée. ➡ ... ?

LEÇON 18 — SITUATION 2

piste 91

SE COUCHER

je me suis couché(e)
tu t'es couché(e)
il / elle / on s'est couché(e)(s)
nous nous sommes couché(e)s
vous vous êtes couché(e)(s)
ils / elles se sont couché(e)s

Tu t'es couché(e) tard hier soir ?
- Oui, je me suis couché(e) tard.
- Non, je ne me suis pas couché(e) tard.

Hier, on a dîn**é** chez Paul, on est rentr**és** à 22 heures et on s'est couch**és** vers minuit.

C'est bon. ➡ **C'était** bon.
Il y a du monde. ➡ **Il y avait** du monde.

VOCABULAIRE

- un garçon
- un musée
- un escargot
- un jeu vidéo
- un lac
- un devoir

- le lendemain
- bientôt

- écrire
- jouer
- goûter
- pêcher

- ne… pas encore

EXPRESSIONS

- Cher papa / Chère maman

- J'espère que | tu vas bien.
              | vous allez bien.

- toute la journée

- C'est | le début | des vacances.
        | la fin |

- Je vous embrasse.
- Je vous dis à bientôt.

EXERCICES

問題❷ （　）内の動詞を複合過去形に活用させて，文の空欄を埋めましょう．
(Répondez avec les verbes entre parenthèses)

1. Hier, il a fait très chaud. Nous _____ dans la piscine. (se baigner)
2. Il est resté toute la journée à la maison. Il _____ . (s'ennuyer)
3. J'ai passé des vacances formidables. Je _____ . (s'amuser)
4. J'étais très fatigué donc je _____ très tôt. (se coucher)
5. Ce matin, tu as pris un bain ou tu _____ ? (se doucher)
6. Samedi, ils ont travaillé, et dimanche, ils _____ . (se reposer)

Exercice supplémentaire 3 page 103

LEÇON 19

CONVERSATION 1 — « *Je fais du sport* »

 piste 93

Monsieur Pignon : Monsieur Brochant, vous allez où comme ça ?

Monsieur Brochant : Je vais à mon entrainement de foot.

Monsieur Pignon : Ah ! Vous faites du football ?

Monsieur Brochant : Oui, j'en fais tous les dimanches. Vous en faites aussi ?

Monsieur Pignon : Moi non, je ne fais pas de foot mais je fais de la natation et du tennis.

Monsieur Brochant : Vous en faites régulièrement ?

Monsieur Pignon : Je nage trois fois par semaine et je fais du tennis le samedi matin.

Monsieur Brochant : Dites donc ! Vous êtes sportif. Ça fait longtemps que je n'ai pas nagé.

Monsieur Pignon : Eh ben voilà ! Venez nager avec moi la prochaine fois !

EXERCICES

問題❶ （　）内の正しいものを選びましょう．(Choisissez la bonne réponse)

1. Il fait (du / de l' / de la) natation le mercredi matin.
2. Je fais (du / de l' / de la) boxe dans un club le vendredi.
3. Vous faites (du / de l' / de la) équitation ?
4. Mon oncle fait (du / de l' / de la) piano et ma tante fait (du / de l' / de la) accordéon.
5. Hélène achète (du / de l' / de la) viande chez le boucher.
6. Les filles préfèrent manger (du / de l' / de la) pain avec (du / de l' / de la) confiture.

piste 94

LEÇON 19

SITUATION 1

GRAMMAIRE

J'achète **un** melon. ➡ Je mange **du** melon.
J'achète **une** baguette. ➡ Je mange **de la** baguette.
J'achète **un** ananas. ➡ Je mange **de l'**ananas.
J'achète **des** pâtes. ➡ Je mange **des** pâtes.

⚠ Tu fais **du** foot ? - Non, je **ne** fais **pas de** foot.

Vous faites de la natation ?
- Oui, je fais **de la natation**. ➡ Oui, j'**en** fais.

VOCABULAIRE

- un entrainement
- les sports
- le foot(ball)
- la natation
- le tennis
- le basket(ball)
- le volley(ball)
- le yoga
- la gymnastique
- le rugby
- le judo
- la danse

EXPRESSIONS

- régulièrement
- tous les dimanches = **le** dimanche
- trois fois par semaine
- Ça fait longtemps (que)

EXERCICES

問題❷ 否定形で答えましょう．(Répondez négativement)

1. Est-ce que vous voulez du pain ? ➡ Non, …
2. Vous buvez de l'eau ? ➡ Non, …
3. Tom fait de la musique ? ➡ Non, …
4. Lucie et Claire ont de la patience ? ➡ Non, …
5. Vous avez des questions ? ➡ Non, …
6. Tu as de l'argent ? ➡ Non, …

問題❸ 頻度を自分で決めて，文の空欄を埋めましょう．(Complétez librement)

1. Jacques va au club de sport _____ fois _____ _____ .
2. Elsa va chez le coiffeur _____ _____ par _____ .
3. Hakim fait de la boxe _____ heures _____ jour.
4. Vincent et Grégory rentrent en France _____ fois _____ an.

LEÇON 19

CONVERSATION 2 — « Je fais du sport »

 piste 95

(Pierre se lève et parle à sa mère)

Pierre : Hum, ça sent super bon, maman. Qu'est-ce que tu prépares ?

Maman : Je fais des crêpes. Tu sais, c'est très simple à faire.

Pierre : Ah ! Moi aussi, je voudrais en faire. Il faut quoi ?

Maman : Pour faire la pâte, il faut : de la farine, des œufs, du lait, du sel et de l'huile. Mince ! Je n'ai plus de lait.

Pierre : Pas de problème ! Je descends en acheter.

Maman : Ah ! C'est gentil. Tu as de l'argent ?

Pierre : Nan*, je n'en ai pas.

Maman : Prends 5 € dans mon sac.

Pierre : OK. À tout de suite !

*Nan : Non の会話での親しい言い方．口語の音に合わせての綴り．

EXERCICES

問題❶ DU/DE LA/DE L'/DES のいずれかを使って文の空白を埋めましょう．
(Complétez le texte avec DU / DE LA / DE L' / DES)

1. Le matin, je mange _____ pain avec _____ confiture et je bois _____ eau.
2. Ma fille boit _____ lait et elle mange _____ biscuits.
3. Le soir, nous mangeons _____ riz ou _____ pâtes avec _____ fromage.
4. Après le repas, j'aime bien manger _____ chocolat ou boire _____ thé vert.
5. Les enfants mangent une crêpe avec _____ miel et ils boivent _____ jus d'orange.

問題❷ NE … PLUS DE を使って質問に答えましょう．(Répondez avec «NE … PLUS DE»)

1. Vous avez de la sauce tomate ? ➡ Non, …
2. Damien a du travail pour ce soir ? ➡ Non, …
3. Tu as encore de la batterie ? ➡ Non, …
4. Il reste de l'huile pour cuisiner ? ➡ Non, …
5. Elle a de l'argent pour dîner ? ➡ Non, …
6. Il y a encore des pâtes ? ➡ Non, …

GRAMMAIRE

piste 96 — LEÇON 19 — SITUATION 2

Vous faites du judo ?
Oui, je fais du judo. → Oui, j'**en** fais.
Non, je ne fais pas de judo. → Non, je n'**en** fais pas.

Je voudrais des crêpes. → J'**en** voudrais.
Je voudrais faire des crêpes. → Je voudrais **en** faire.
J'achète du lait. → J'**en** achète.
Je descends acheter du lait. → Je descends **en** acheter.

Il **n'**y a **pas de** lait. ≠ Il **n'**y a **plus de** lait.
On **ne** fait **pas de** yoga. ≠ On **ne** fait **plus de** yoga.

VOCABULAIRE

- une crêpe
- la pâte
- la farine
- un œuf
- le sel
- l'huile

- l'argent

- simple

EXPRESSIONS

- Ça sent | bon.
  | mauvais.

- C'est | facile / simple | à faire.
  | difficile |

- Mince !

- Pas de problème !

- C'est gentil.

- À tout de suite !

EXERCICES

問題❸ EN を使って質問に答えましょう。(Répondez en utilisant le pronom EN)

1. Est-ce qu'elle joue du piano ? → Oui, …
2. Vous achetez des bananes ? → Oui, …
3. Est-ce qu'il faut de la farine pour faire des crêpes ? → Oui, …
4. Vous voulez faire de la peinture aujourd'hui ? → Oui, …
5. Martine utilise un ordinateur pour travailler ? → Non, …
6. Est-ce que Mathieu boit du thé le matin ? → Oui, …
7. Tu aimes manger des crêpes ? → Oui, …
8. Est-ce qu'ils mettent du chocolat sur leurs tartines ? → Non, …

LEÇON 20

CONVERSATION 1 — « Mets un peu de sucre »

piste 98

Pierre : Tiens maman, voilà le lait et ta monnaie.

Maman : Merci. Alors, commençons !
Tout d'abord, tu mets 250 grammes de farine dans un bol.
Ensuite, tu casses trois œufs dans le bol. Puis, tu ajoutes 500 millilitres de lait.
Après, une pincée de sel et une cuillère à soupe d'huile.
Enfin, tu mélanges tout ça énergiquement.

Pierre : J'en fais combien avec ça ?

Maman : Tu en fais une vingtaine environ.

Pierre : Et on met quoi sur les crêpes ?

Maman : Comme tu veux. Attends ! Je regarde dans le placard. On a beaucoup de confiture, un pot de Nutella, du sucre, un peu de miel et des bananes.

Pierre : Et on peut aussi mettre du sirop d'érable ?

Maman : Oui bien sûr, mais il n'y en a pas à la maison.

EXERCICES

問題❶ BEAUCOUP DE と UN PEU (DE) のどちらかを使って、文の空欄を埋めましょう。
(Complétez avec «BEAUCOUP DE» ou «UN PEU DE»)

1. Est-ce que je dois ajouter _____ sucre ? Non, juste _____ .
2. Tu as vraiment _____ livres ! - Oui, j'en ai environ 1000.
3. Il reste _____ farine donc on peut faire un petit gâteau.
4. Tu es très occupé aujourd'hui ? - Oui vraiment, j'ai _____ travail.

LEÇON 20

 piste 99

SITUATION 1

GRAMMAIRE

Je voudrais du lait.	→ Je voudrais	**une bouteille** **un litre** **un verre** **un bol**	**de** lait.
J'achète une pomme.	→ J'achète	**un kilo** **500 grammes**	**de** pommes.
Je mange du pain.	→ Je mange	**un morceau** **une tranche**	**de** pain.
J'ai acheté des biscuits.	→ J'ai acheté	**un paquet** **une boîte**	**de** biscuits.
On a du miel.	→ On a	**un peu** **beaucoup**	**de** miel.

VOCABULAIRE

- un millilitre (de)
- une pincée (de)
- une cuillère à soupe (de)
- une vingtaine (de)
- un pot (de)

- casser
- ajouter
- mélanger

- énergiquement

- la monnaie
- un placard

- le sucre
- la confiture
- une banane
- le sirop d'érable

EXPRESSIONS

- une vingtaine environ
- environ une vingtaine

- deux heures environ
- environ deux heures

- comme tu veux
- comme vous voulez

EXERCICES

問題❷ （　）内の正しいものを選びましょう．（Choisissez la bonne réponse）

1. Qu'est-ce qu'on achète ? - Il faut (un pot / une boite) de moutarde et (une tranche / un tube) de mayonnaise.
2. J'apporte (une bouteille / un paquet) de vin pour le repas de ce soir.
3. Bonjour madame. Je voudrais quatre (tranches / morceaux) de jambon.
4. Donnez-moi (un kilo / un paquet) de tomates et 500 (litres / grammes) de fraises s'il vous plaît.
5. Je veux (un verre / une tasse) de café pour mon petit déjeuner.
6. Dans la pâte à crêpes, vous versez (une pincée / une cuillère à soupe) d'huile.

Exercice supplémentaire 3 page 103

LEÇON 20

CONVERSATION 2

« Mets un peu de sucre »

Kévin : Tout le monde fait de la musique dans ta famille ?

Justine : Oui, tout le monde sauf moi.

Kévin : Qu'est-ce qu'elle fait ta sœur ?

Justine : Elle fait du violon au Conservatoire.

Kévin : Wouah la classe ! Et tes frères ?

Justine : Mon petit frère joue de la guitare, et mon grand frère de la batterie.

Kévin : Ils en font souvent ?

Justine : Presque tous les jours. Ils font partie d'un groupe depuis 10 ans.

Kévin : Et toi, pourquoi tu n'en fais pas ?

Justine : Moi, la musique, ça ne m'intéresse pas beaucoup.
Je préfère jouer aux jeux de société, aux échecs ou au poker.

Kévin : Ah bon ! Et tu joues au poker avec qui ?

Justine : En fait, j'y joue en ligne avec des amis.

EXERCICES

問題❶ 頻度を表す意味の近い表現を使って，以下の文を書き換えましょう．
(Complétez librement avec des expressions de fréquence de sens équivalent)

Ex. : Il fait du football le jeudi. ➡ Il fait du football une fois par semaine.

1. Elle fait de la gymnastique le samedi et le dimanche. ➡ Elle …
2. Vous faites du violon deux fois par semaine. ➡ Vous …
3. Ils font de la guitare tous les samedis. ➡ Ils …
4. Je fais du vélo quatre fois par semaine avec mon père. ➡ Je …
5. Tu vas au cinéma cinq fois par an. ➡ Tu …
6. Nous ne cuisinons pas du tout à la maison. ➡ Nous …

LEÇON 20

SITUATION 2

GRAMMAIRE

- 100% —— toujours
- —— souvent
- —— de temps en temps
- —— rarement
- 0% —— ne ... jamais

Il fait **du** karaté. → Il **en** fait.
Il fait **de la** guitare. → Il **en** fait.
Il joue **de la** guitare. → Il **en** joue.
Il joue **aux** jeux vidéo. → Il **y** joue.
Il joue **à** cache-cache. → Il **y** joue.

Il fait **souvent** du karaté. → Il en fait souvent.
Il **ne** fait **jamais** de karaté. → Il n'en fait jamais.

VOCABULAIRE

- sauf
- presque
- depuis
- le violon
- la batterie
- le Conservatoire
- un groupe

- un jeu de société
- les échecs
- le poker

- en ligne
- faire partie de

EXPRESSIONS

- tout le monde

- la classe !

- Le football, ça m'intéresse.
- Le football, ça ne m'intéresse pas.

EXERCICES

問題❷ Y を使って質問に答えましょう．（Complétez avec Y）

1. Vous jouez au tennis ? → Oui, je _____ souvent.

2. Votre fille joue au golf ? → Non, elle _____ .

3. Ils jouent aux échecs ? → Oui, ils _____ .

4. Tu penses aux vacances ? → Non, je _____ souvent.

5. Vous participez à la réunion de demain ? → Non, je _____ .

6. Vous jouez aux jeux vidéo tous les soirs avec vos enfants ?
   → Oui, nous _____ .

LEÇON 21

CONVERSATION 1

« Avez-vous déjà voyagé en Europe ? »

Akiko : Dis voir Aya, tu es déjà allée en France, toi ?

Aya : Oui, j'y suis allée l'été dernier. Pourquoi ?

Akiko : Avec mon copain, on voudrait aller à Paris.
Je n'y suis jamais allée et lui non plus.

Aya : Ah ! La France, quel beau pays ! J'ai vraiment adoré.

Akiko : Paris, c'était comment ? Tu as des conseils ?

Aya : En fait, moi, je suis seulement allée à Nice et sur la côte d'Azur, mais Paris, pas encore.

Akiko : Ah ! Marseille, c'est sur la côte d'Azur, non ?
Tu y es allée aussi ?
Mon copain, il est fan de l'équipe de foot de Marseille et donc il voudrait y aller.

EXERCICES

問題❶ Y と EN のどちらかを使って，文の空欄を埋めましょう．
(Complétez les phrases en utilisant Y ou EN)

1. Vous êtes déjà allé en France ? - Oui, je _____ _____ déjà allé.
2. Il a déjà mangé des crêpes ? - Oui, il _____ _____ déjà mangé.
3. Elle est déjà allée à Bordeaux ? - Non, elle _____ _____ _____ jamais allée.
4. Vous avez déjà goûté des escargots ? - Oui, nous _____ _____ déjà goûté.
5. Vous êtes déjà allés à Kyoto ? - Oui, nous _____ _____ déjà allés.
6. J'ai déjà bu du saké japonais ! - Ah bon, vous _____ _____ déjà bu !

LEÇON 21

piste 104

SITUATION 1

GRAMMAIRE

Est-ce que vous êtes déjà allé(e) en France ?

Oui, j'y suis déjà allé(e).
Non, je n'y suis | jamais | allé(e).
              | pas encore |

Est-ce que vous avez déjà bu du champagne ?

Oui, j'en ai déjà bu.
Non, je n'en ai | jamais | bu.
              | pas encore |

VOCABULAIRE

- un conseil
- la côte d'Azur
- une équipe

EXPRESSIONS

- C'était comment ?
- C'était sympa.
- Je suis fan de | l'équipe de France.
               | ce chanteur.
               | ce groupe de musique.

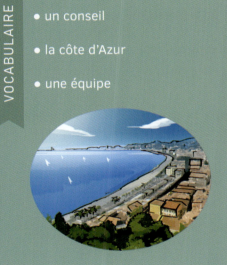

EXERCICES

問題❷ DÉJÀ と NE … JAMAIS のどちらかを使って答えましょう．
(Répondez librement avec «DÉJÀ» ou «NE… JAMAIS»)

1. Est-ce que vous êtes déjà allé(e) en France ?
   ➔ _____ en France.

2. Est-ce que vous êtes déjà allé(e) au Pérou ?
   ➔ _____ au Pérou.

3. Avez-vous déjà cuisiné français ?
   ➔ _____ français.

4. Avez-vous déjà visité le musée du Louvre ?
   ➔ _____ le musée du Louvre.

5. Vous vous êtes déjà promené(e) à Montmartre ?
   ➔ _____ à Montmartre.

LEÇON 21

CONVERSATION 2

piste 105

« Avez-vous déjà voyagé en Europe ? »

(Deux collègues au restaurant)

Le serveur : Voilà la carte, Messieurs-dames.

(Quelques instants plus tard)

Gilles : Est-ce que vous avez choisi ?

Martine : Je pense que je vais prendre des escargots. Je n'en ai jamais mangé.

Gilles : Oh ! Très bon choix. Ils sont excellents ici, j'en prends souvent.

Martine : Et vous, qu'avez-vous choisi ?

Gilles : Je mangerais bien une sole meunière avec sa sauce beurre citron. Mais à vrai dire, j'en ai déjà mangé une hier. Donc, je vais prendre un steak de saumon à la place.

(Vers la fin du repas)

Martine : Il y a trop d'escargots pour moi. Vous en voulez ?

Gilles : Avec plaisir, je vais les finir.

EXERCICES

問題❶ DÉJÀ/ENCORE/PAS ENCORE/JAMAIS のいずれかを使って文の空欄を埋めましょう.
(Complétez avec DÉJÀ / ENCORE / PAS ENCORE / JAMAIS)

1. J'ai _____ vu ce film donc je vais me coucher.
2. Est-ce que vous voulez du café ? - Non merci, nous en avons _____ pris tout à l'heure.
3. La directrice est _____ en réunion. Vous pouvez attendre ici si vous voulez.
4. Elle n'a _____ vu mon amie, c'est la première fois.
5. C'est très bon ! Est-ce qu'on peut en avoir _____ ?
6. Nous ne sommes _____ allés en Europe.
7. Qu'est-ce que tu fais _____ là ? Vite, tu vas être en retard.

問題❷ 複合過去形に書き換えましょう.
(Transformez au passé composé)

1. Vous mangez déjà. ➡ ...
2. Claire n'en fait jamais. ➡ ...
3. Il en prend souvent. ➡ ...
4. Je ne rentre pas encore. ➡ ...
5. Michel en achète déjà. ➡ ...
6. Elles y vont souvent. ➡ ...

VOUS AVEZ CHOISI ?

LEÇON 21 — SITUATION 2

GRAMMAIRE

A
- Vous êtes japonaise ?
- Vous travaillez où ? Vous faites quoi ?
- Vous avez déjeuné ?

B
- Est-ce que vous êtes japonaise ?
- Où est-ce que vous travaillez ? Qu'est-ce que vous faites ?
- Est-ce que vous avez déjeuné ?

C
- Êtes-vous japonaise ?
- Où travaillez-vous ? Que faites-vous ?
- Avez-vous déjeuné ?

VOCABULAIRE
- la carte (des desserts)
       (des vins)
- une sole meunière
- un escargot
- une sauce (beurre citron)
- un steak (de saumon)
- un repas
- un choix

- excellent / excellente

- penser

- ici
- hier

EXPRESSIONS
- Quelques instants plus tard
- Vous avez choisi ?
- Qu'avez-vous choisi ?
- Je mangerais bien …
- À vrai dire
- à la place (de…)
- trop (de…)
- Avec plaisir

EXERCICES

問題❸ ページ上部の文法を参照しながら，指定された疑問文のタイプ（A，B，C のいずれか）に書き換えましょう．
(Transformez les questions dans le type correspondant : voir grammaire ci-dessus)

1. Tu es allé où samedi ? (B) ➡ …

2. Comment allez-vous travailler ? (A) ➡ …

3. Est-ce qu'ils viennent demain ? (C) ➡ …

4. Sommes-nous arrivés ? (B) ➡ …

5. Qu'est-ce que vous prenez comme dessert ? (A) ➡ …

6. Vous rentrez à quelle heure ? (C) ➡ …

LEÇON 22

CONVERSATION 1 — « *Tu les as, tes clés ?* »

La femme : Bonjour chéri, tu prends la voiture aujourd'hui ?

Le mari : Oui, je la prends. Ça ne te dérange pas ?

La femme : Pas de problème. Tu as les clés ?

Le mari : Euh attends…. C'est bon, je les ai.

La femme : Au fait, tu vois Pierre aujourd'hui ?

Le mari : Pierre ? Oui, je le vois à midi. On a prévu de déjeuner ensemble. Pourquoi cette question ?

La femme : Ben tu sais, il a oublié ses dossiers quand il est venu dîner à la maison l'autre jour.

Le mari : Ah oui c'est vrai, il les a laissés sur la table. Alors, je les emporte avec moi.

La femme : À ce soir alors, bonne journée.

EXERCICES

問題❶ LE/LA/L'/LES のいずれかを使って，答えましょう．
(Complétez en utilisant les pronoms LE / LA / L' / LES)

1. Elle prend le bus ? ➡ Oui, ...
2. Vous lisez le journal tous les jours ? ➡ Oui, ...
3. Tu rencontres Julie cet après-midi ? ➡ Oui, ...
4. Martin range les vêtements ? ➡ Non, ...
5. Vous écoutez la radio ? ➡ Non, ...
6. Alice fait le ménage ? ➡ Non, ...

LEÇON 22

GRAMMAIRE

🔊 piste 109

Tu prends **le bus** ? Oui, je **le** prends.
Tu fais **la cuisine** ? Oui, je **la** fais.
Tu fais **les courses** ? Oui, je **les** fais.

Nous voyons **Marc** demain ? Oui, nous **le** voyons.
Vous rencontrez **la directrice** ? Non, je ne **la** rencontre pas.
Vous connaissez **mes collègues** ? Oui, je **les** connais.

Tu **m'**aimes, chérie ? Oui, je **t'**aime.
Vous **m'**appelez ce soir ? Oui, je **vous** appelle.

Vous avez rencontré **vos amies** hier ? Oui, on **les** a rencontré<u>es</u>.

SITUATION 1

VOCABULAIRE

- une question
- un dossier

- vrai
- faux

- voir
- prévoir
- oublier
- laisser
- emporter

EXPRESSIONS

- Ça (ne) te dérange (pas) ?
- Ça (ne) vous dérange (pas) ?

- au fait

- l'autre jour

EXERCICES

問題❷ ME/TE/NOUS/VOUS のいずれかを使って，答えましょう．
(Complétez avec les pronoms ME / TE / NOUS / VOUS)

1. Tu m'appelles ce soir ? ➡ Oui d'accord, …

2. Vous nous contactez après l'école ? ➡ Oui, …

3. Il vous aide pour l'exercice ? ➡ Oui, …

4. Je vous dérange ? ➡ Non, pas du tout, …

5. Tu nous attends, s'il te plaît ? ➡ Oui, …

6. Est-ce qu'ils vous regardent ? ➡ Oui, …

Exercice supplémentaire 3 page 103

LEÇON 22

CONVERSATION 2 — « Tu les as, tes clés ? »

 piste 110

La mère : Demain, c'est l'anniversaire de ton père.
Tu lui offres quelque chose ?

La fille : Oui, je lui ai acheté un livre sur les vins de France.

La mère : Bien, c'est une bonne idée.
Je suis sûre qu'il va aimer.

La fille : Et pour sa fête, qui vient ?
Ses frères, ses amis ?

La mère : Ses frères, je leur ai téléphoné : c'est bon, ils viennent.
Mais ses amis, je ne les ai pas encore contactés.
Michel, je l'appelle tout de suite et Marc, je lui envoie un mail cet après-midi.

La fille : Super ! J'espère qu'ils vont venir.
En tout cas, Papa va être content.

EXERCICES

問題❶ LUI と LEUR のどちらかと，動詞の現在形を使って，文の空欄を埋めましょう．
(Complétez au présent en utilisant les pronoms LUI ou LEUR)

1. Elle téléphone à Damien aujourd'hui ? - Oui, elle _____ _____ aujourd'hui.
2. Ils offrent un cadeau à leurs parents pour Noël ?
   - Oui, ils _____ _____ un cadeau.
3. Tu achètes un nouveau vélo à ton fils ? - Oui, je _____ _____ un nouveau vélo.
4. Vous envoyez une carte postale à vos enfants ?
   - Non, nous _____ _____ _____ _____ de carte postale.
5. Chris écrit souvent à ses cousins ? - Oui, il _____ _____ souvent.

問題❷ LUI と LEUR のどちらかと，動詞の複合過去形を使って，文の空欄を埋めましょう．
(Complétez au passé composé en utilisant les pronoms LUI ou LEUR)

1. Pascal a téléphoné à ses amis ? - Oui, il _____ _____ _____ .
2. Mon oncle a offert un bouquet de fleurs à ma tante.
   - Il _____ _____ _____ un bouquet de fleurs.
3. Tu as dit bonjour à Mme Laurent ?
   - Non, je _____ _____ _____ _____ _____ bonjour.
4. Vous avez vendu votre maison à M. et Mme Dujardin ?
   - Oui, nous _____ _____ _____ notre maison.
5. Ils ont répondu à Mickaël ? - Non, ils _____ _____ _____ _____ répondu.

94

LEÇON 22 — SITUATION 2

GRAMMAIRE (piste 111)

Vous **me** téléphonez ce soir ? — Oui, je **vous** téléphone.
Tu envoies un mail **à Marc** ? — Oui, je **lui** envoie un mail.
Tu parles souvent **à ta mère** ? — Oui, je **lui** parle souvent.
Vous avez offert un cadeau **à vos parents** ? — Oui, je **leur** ai offert un cadeau.

VOCABULAIRE
- une fête
- tout de suite
- en tout cas
- envoyer
- contacter

EXPRESSIONS
- Je suis | sûr(e) que …
           certain(e) que …

- Je lui téléphone | tout de suite.
                     tout à l'heure.
                     plus tard.

EXERCICES

問題❸ （ ）内の代わりに LE/LA/L'/LES/LUI/LEUR のいずれかを使って，文の空欄を埋めましょう。(Complétez en utilisant les pronoms LE / LA / L' / LES / LUI / LEUR)

1. Tu _____ envoies une lettre d'amour. (Céline)

2. Ils _____ ont fait le 31 décembre. (le grand ménage)

3. Nous _____ avons perdues. (nos clés)

4. Thibaut _____ prend parce qu'il est en retard. (le taxi)

5. Vous _____ avez dit merci ? (vos amis)

6. Je _____ vois tous les jours au bureau. (ma collègue Nathalie)

LEÇON 23

CONVERSATION 1 « Bonnes vacances ! »

piste 113

(La maîtresse demande à ses élèves où est-ce qu'ils vont aller pendant les vacances d'été)

La maîtresse : Aujourd'hui, c'est le dernier jour de classe.
Alors les enfants, qu'est-ce que vous allez faire pendant les vacances ?

(Emma lève le doigt)

La maîtresse : Oui, Emma !

Emma : Moi, je vais aller chez mes cousines dans le sud.
On va faire de l'escalade.

Théo : Moi, je vais passer une semaine à la montagne avec mes parents et papi et mamie.

Maude : Ben nous, on va visiter Paris pour la première fois et avec ma tante, on va voir le château de Versailles.

Noah : Et ben moi, je vais partir en Espagne à la mer et il va faire chaud.
Ça va être trop cool.

La maîtresse : Bon ben c'est bien tout ça.
Je vous souhaite d'excellentes vacances et n'oubliez pas qu'il va y avoir un feu d'artifice le mois prochain.

Les enfants: Ah oui, le 14 juillet !

LEÇON 23

SITUATION 1

GRAMMAIRE — piste 114

On **va faire** nos devoirs ce week-end.
On **va** <u>les</u> **faire** ce week-end.

On ne **va** pas **faire** nos devoirs ce week-end.
On ne **va** pas <u>les</u> **faire** ce week-end.

VOCABULAIRE

- un maître / une maîtresse
- un élève / une élève

- l'escalade
- la montagne

- papi / mamie
- mon oncle / ma tante

- un château
- un feu d'artifice

- demander

- lever | le doigt
         | la main

- souhaiter

EXPRESSIONS

- pour la première fois
- pour la dernière fois

- Je vous souhaite | un joyeux anniversaire.
                    | une bonne journée.
                    | de bonnes vacances.

EXERCICES

問題❶ 以下の文を近接未来形に書き換えましょう．
(Mettez les phrases suivantes au futur proche)

1. Je fais du tennis. ➡ …

2. Il boit un café. ➡ …

3. Nous mangeons des biscuits. ➡ …

4. Elles étudient l'allemand. ➡ …

5. Vous allez au supermarché. ➡ …

Exercices supplémentaires 2 et 3 page 104

LEÇON 23

CONVERSATION 2 — « Bonnes vacances ! »

piste 115

(Un couple au téléphone. La femme appelle son mari, il décroche)

La femme : Ah enfin ! Je n'arrête pas de t'appeler depuis tout à l'heure.

Le mari : Désolé, je viens juste de rentrer.
Je n'ai pas vu tes appels.
Qu'est-ce qui se passe ?

La femme : Super ! Tu es à la maison !
Écoute, je suis en train d'écrire un mail important et j'ai besoin du numéro de téléphone qui est sur le post-it près de mon ordinateur.
Tu peux me le donner ?

Le mari : Attends une minute !
Je suis en train de me déchausser.
Je monte dans la chambre et je te rappelle tout de suite.

(...)

Voilà, c'est bon, je l'ai trouvé.
Je viens de te l'envoyer sur ta boîte mail.

La femme : Super, tu es un amour.
À ce soir !

Le mari : Je t'en prie chérie. Bisous.

EXERCICES

問題❶ 以下の文を近接過去形に書き換えましょう。
(Mettez les phrases suivantes au passé récent)

1. Je fais du tennis. ➡ ...
2. Il boit un café. ➡ ...
3. Nous mangeons des biscuits. ➡ ...
4. Elles se couchent. ➡ ...
5. Vous allez au supermarché. ➡ ...

LEÇON 23

SITUATION 2

GRAMMAIRE

On **est en train de faire** nos devoirs.
On **est en train de** <u>les</u> **faire**.

On n'**est** pas **en train de faire** nos devoirs.
On **n'est** pas **en train de** <u>les</u> **faire**.

On **vient de finir** nos devoirs.
On **vient de** <u>les</u> **finir**.

⚠ On **vient de manger** une pizza. ≠ On vient manger une pizza.

VOCABULAIRE

- un couple
- un appel
- un post-it
- un ordinateur
- une boîte mail
- un amour
- désolé / désolée
- important / importante

- décrocher
- arrêter
- avoir besoin de …
- donner
- se (dé)chausser
- se rappeler
- trouver

EXPRESSIONS

- Je n'arrête pas de …

- tout à l'heure

- Qu'est-ce qui se passe ?
- Qu'est-ce qui s'est passé ?

- Écoute
- Écoutez

- Je t'en prie.
- Je vous en prie.

- Bisou(s)

EXERCICES

問題❷ 以下の文を近接過去形に書き換えましょう．
(Mettez le texte suivant au passé récent)

1. Enzo est parti en France avec son amie.
2. Ils ont pris l'avion.
3. Magali a payé son loyer.
4. Mon ami et moi sommes montés à la tour Eiffel.
5. J'ai dîné dans un bon restaurant.
6. Tu as fait une croisière en bateau-mouche sur la Seine.
7. Vous avez acheté des souvenirs.
8. Amandine et Stéphanie sont rentrées du Japon.

Exercice supplémentaire 3 page 104

Leçon 7

Situation 1

問題❸ 自分への質問に答えましょう．(Répondez aux questions directes)

1. Qu'est-ce qu'il y a dans votre sac ? ➡ ...
2. Vous avez des stylos ? ➡ ...
3. Vous avez une gomme ? ➡ ...
4. Vous avez une moto ? ➡ ...
5. Vous avez des enfants ? ➡ ...

Situation 2

問題❹ 下線の単語を男性形または女性形に変えて，文を書き換えましょう．必要に応じて他の単語も変えましょう．(Transformez au masculin ou au féminin les mots soulignés, et faites l'accord avec les verbes et les adjectifs)

1. C'est une <u>boulangère</u> italienne. ➡ ...
2. <u>Elle</u> est âgée mais souriante et très active. ➡ ...
3. C'est un grand <u>acteur</u> américain. ➡ ...
4. J'ai un petit <u>frère</u>, <u>il</u> est jeune et fort. ➡ ...
5. C'est une <u>femme</u> intelligente et bavarde. ➡ ...
6. Vous avez une petite <u>chienne</u>, <u>elle</u> est très mignonne. ➡ ...

Leçon 11

問題❸ QUEL/QUELS/QUELLE/QUELLES のいずれかを使って，文の空欄を埋めましょう．
(Remplissez avec QUEL / QUELS / QUELLE / QUELLES)

1. Vous avez _____ professeur aujourd'hui, Vincent ou Grégory ?
2. La séance est à _____ heure ?
3. On va voir le film dans _____ cinéma ?
4. Je suis français, et vous ? _____ est votre nationalité ?
5. _____ genre de musique est-ce que tu aimes ?
6. _____ âge a ton père ?
7. _____ sortes de livres préférez-vous ?
8. _____ sont tes loisirs ?
9. De _____ couleurs sont vos chaussures ?

問題❹ POUVOIR と DEVOIR のどちらかを現在形に活用させましょう．
(Complétez avec les verbes POUVOIR ou DEVOIR)

1. Je ne _____ pas sortir ce soir, je _____ faire mes devoirs.
2. Elle ne sait pas nager donc elle _____ prendre des cours de natation.
3. Ils ne _____ pas venir parce qu'ils _____ travailler ce jour-là.
4. Vous _____ rentrer à quelle heure ?
5. En France, on ne _____ pas fumer dans les bâtiments publics, mais on _____ fumer dans la rue.

Leçon 12

問題❸ それぞれの人が何階に住んでいるかを自分で決めて，文を完成させましょう。(Regardez le dessin et complétez librement)

1. Paul habite au _____ étage.
2. Hélène habite au _____ .
3. Damien et Julie habitent au _____ étage.
4. Marc habite au _____ étage.
5. Madame Leblanc habite au _____ étage.
6. Et moi, j'habite au _____ étage.

Leçon 14

問題❸ 以下の質問に答えましょう（行き方を説明しましょう）.
(Répondez aux questions directes)

1. Vous êtes au point B sur le plan.
Expliquez comment aller au café avec « VOUS ».

2. Vous êtes au point C sur le plan.
Expliquez comment aller à la bibliothèque avec « VOUS ».

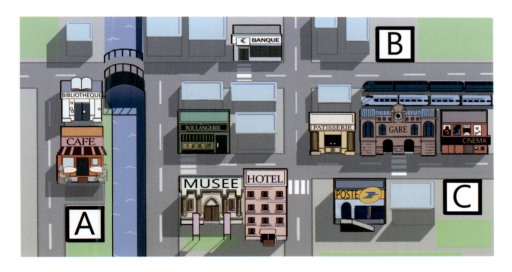

問題❹ Y を使って質問に答えましょう.
(Répondez librement aux questions en utilisant le pronom «Y»)

1. Elle va au parc comment ? ➡ Elle...
2. Vous allez à l'école de français quel jour ? ➡ Je...
3. Ils vont à Paris en TGV ou en avion ? ➡ Ils...
4. Est-ce que M. Louis habite à Montréal ? ➡ Non, il...
5. Vous travaillez à Osaka ? ➡ Non, je...
6. Vous passez à la boulangerie avant de rentrer ? ➡ Oui, nous...
7. Il va chez ses parents, demain ? ➡ Oui, il...

Leçon 15

問題❷ 質問に答えましょう．(Répondez librement aux questions)

1. Le dimanche, à quelle heure est-ce que vous vous levez ? ➡ ...
2. Le samedi soir, à quelle heure est-ce que vous vous couchez ? ➡ ...
3. Est-ce que vous vous douchez le matin ou le soir ? ➡ ...
4. Vous vous appelez comment ? ➡ ...
5. Est-ce que vous vous promenez le week-end ? Si oui, où ? ➡ ...

Leçon 16

問題❷ 例にならって，文を完成させましょう．(Complétez les phrases comme dans l'exemple)

Ex.: J'ai plus de stylos que Bruno. (avoir / + / stylos)

1. Jean _____ Marc. (avoir / + / voitures)
2. Valérie _____ moi. (lire / - / livres)
3. Tes collègues _____ toi. (avoir / + / travail)
4. Vous _____ moi. (avoir / = / enfants)
5. Je _____ mon petit frère. (gagner / - / argent)
6. Tu _____ ton ami. (faire / + / sport)

Leçon 17

問題❸ 以下の文を否定形に書き換えましょう．(Mettez les phrases suivantes à la forme négative)

1. Tu as vu cette émission hier soir à la télévision ?
   ➡ Tu _____ ?

2. Il a pris un taxi et il a visité New-York.
   ➡ Il _____ .

3. Vous avez compris la question ?
   ➡ Vous _____ ?

4. J'ai acheté un ordinateur et des écouteurs.
   ➡ Je _____ .

5. Elles ont pu aller au concert parce qu'elles ont fini tôt.
   ➡ Elles _____ .

Leçon 18

問題❸ 質問に答えましょう．（Répondez librement aux questions）

1. Ce matin, vous vous êtes levé(e) tôt ? ➡ ...
2. Hier soir, vous vous êtes couché(e) tard ? ➡ ...
3. Dimanche dernier, vous vous êtes reposé(e) ? ➡ ...
4. Aujourd'hui, est-ce que vous vous êtes promené(e) ? ➡ ...
5. Vous vous êtes parfumé(e) avant de sortir ? ➡ ...
6. Vous vous êtes trompé(e) à l'exercice 2 ? ➡ ...

Leçon 20

問題❸ DE/DU/DE L'/D'/DE LA/DES のいずれかを使って文の空欄を埋めましょう．
(Complétez avec DE / DU / DE L' / D' / DE LA / DES)

1. Pour faire _____ vinaigrette, il faut _____ moutarde, un peu _____ poivre, et _____ sel.
   Et bien sûr, il faut _____ vinaigre : 2 cuillères à soupe _____ vinaigre.
2. Pour faire un potage de légumes, il faut _____ carottes, _____ oignons et _____ poireaux.
   Il faut aussi 40 grammes _____ beurre, un jaune _____ œuf et 50 grammes _____ crème
   fraîche.

Leçon 22

問題❸ 例にならって，L' と LES のどちらかを使って，書き換えましょう．

必要に応じて，過去分詞を一致させましょう．

(Complétez au passé composé en utilisant les pronoms L' ou LES, et en faisant l'accord si nécessaire)

Ex. : Il a laissé sa veste à la maison. ➡ Il l'a laissée à la maison.

1. Tu as pris ton sac ?
   ➡ Tu _____ ?
2. J'ai lu le journal ce matin
   ➡ Je _____ ce matin.
3. Elle a rangé ses vêtements.
   ➡ Elle _____ .
4. Nous avons vu Marie.
   ➡ Nous _____ .
5. Est-ce que vous avez mangé la bûche de Noël ?
   ➡ Est-ce que vous _____ ?
6. Est-ce que tu as appelé tes parents ?
   ➡ Est-ce que tu _____ ?

Leçon 23

Situation 1

問題❷ 以下の文を近接未来形に書き換えましょう．(Mettez le texte suivant au futur proche)

1. Enzo part en France avec son amie.
2. Ils prennent l'avion.
3. Magali paye son loyer.
4. Mon ami et moi montons à la tour Eiffel.
5. Je dîne dans un bon restaurant.
6. Tu fais une croisière en bateau-mouche sur la Seine.
7. Vous achetez des souvenirs.
8. Amandine et Stéphanie rentrent du Japon.

問題❸ 例にならって，動詞の ENTRER を現在形に活用させ，後半を近接未来形にした文をつくりましょう．(Conjuguez le verbe ENTRER au présent, puis complétez au futur proche)

Ex. : Elle entre dans un restaurant : elle va manger.

1. Vous _____ dans un bar : _____ .
2. Ils _____ dans un supermarché : _____ .
3. Je _____ dans une école de français : _____ .
4. Tu _____ dans un musée : _____ .
5. On _____ dans un cinéma : _____ .

Situation 2

問題❸ 例にならって，動詞の ENTRER を近接過去形にし，後半を近接未来形にした文をつくりましょう．(Conjuguez le verbe ENTRER au passé récent, puis complétez au futur proche)

Ex. : Elle vient d'entrer dans un restaurant : elle va manger.

1. Vous _____ dans un bar : _____ .
2. Ils _____ dans un supermarché : _____ .
3. Je _____ dans une école de français : _____ .
4. Tu _____ dans un musée : _____ .
5. On _____ dans un cinéma : _____ .

Leçon 2 *(CO1 - page 15)*

① Homme : Bonjour. Je m'appelle Luc, je suis français. Je suis étudiant et j'habite à Lyon.
Questions :
a. Il s'appelle comment ?
b. Qu'est-ce qu'il fait dans la vie ?
c. Il est chinois ?
d. Il habite où ?

② Femme : Bonsoir, moi c'est Lucie. Je suis employée et je suis belge. J'habite à Bruxelles.
Questions :
a. Elle s'appelle comment ?
b. Qu'est-ce qu'elle fait dans la vie ?
c. Elle est japonaise ?
d. Elle habite où ?

Leçon 3 *(CO2 - page 19)*

Un homme et une femme parlent.
H : Bonjour, je m'appelle François. Je suis canadien, et vous ?
F : Je m'appelle Elodie. Je suis suisse.
H : Ah, vous êtes suisse. Vous parlez quelles langues ?
F : Je parle français, allemand et italien.
H : Bien, moi je parle français seulement.
Questions :
a. Il s'appelle comment ?
b. Il parle quelle langue ?
c. Il est français ?
d. Elle s'appelle comment ?
e. Elle parle quelles langues ?
f. Elle est française ?

Leçon 4 *(CO3 - page 23)*

Bonjour. Alors moi, c'est Pascal, je suis boulanger et j'habite à Toulouse. J'aime la musique, et je suis fan de Michael Jackson. Je n'aime pas beaucoup le jazz, je préfère la musique pop. J'adore aussi regarder la télévision et voyager.
Questions :
a. Il s'appelle comment ?
b. Il habite à Paris ?
c. Qu'est-ce qu'il fait dans la vie ?
d. Il aime regarder la télévision ?
e. Il aime le jazz ?
f. Il est fan de Michael Jackson ?
g. Qu'est-ce qu'il préfère comme musique ?

Leçon 5 *(CO4 - page 27)*

Deux hommes regardent une photo.

M. Rossi : Jolie photo M. Armand ! C'est votre famille ?

M. Armand : Oui, c'est ma famille. Voici ma femme Marie, et mon fils Damien.

M. Rossi : Ah, il a quel âge, votre fils ?

M. Armand : Euh, il a 14 ans, il est collégien.

M. Rossi : Ah d'accord. Et vous n'avez pas de fille ?

M. Armand : Non. Et vous, vous avez des enfants ?

Questions :

a. M. Armand a une femme. Elle s'appelle comment ?

b. Il a des enfants ?

c. Damien a quel âge ?

d. Damien est lycéen ?

e. M. Armand a une fille ?

Leçon 6 *(CO5 - page 31)*

(Une femme parle de son week-end)

Ce week-end ? Ah oui, samedi soir, je vais chez ma sœur, elle habite à Avignon. On va dîner ensemble pour son anniversaire. Elle fête ses 30 ans ! Et dimanche, j'invite des amis à la maison. Ils sont de Marseille.

Questions :

a. Elle va où samedi soir ?

b. Sa sœur habite où ?

c. Elles vont déjeuner ensemble ?

d. Sa sœur fête ses vingt ans ?

e. Qu'est-ce que la femme fait dimanche ?

f. Ses amis sont d'où ?

Leçon 7 *(CO6 - page 35)*

① Sur le canapé, il y a ma veste, mon portefeuille et mes clés. Et dans ma chambre, il y a mon ordinateur, deux chaises et un bureau.

Questions :

a. Qu'est-ce qu'il y a sur le canapé ?

b. Où est son ordinateur ?

c. Où sont ses clés ?

d. Qu'est-ce qu'il y a dans sa chambre ?

② Mon père est dans le jardin et ma mère regarde la télé dans le salon. Mon frère étudie dans sa chambre, et ma sœur n'est pas là.

Questions :

a. Où est son frère ?

b. Qu'est-ce que sa mère fait dans le salon ?

c. Son père est dans la cuisine ?

d. Sa sœur est à la maison ?

③ Dans la chambre, il y a une grande armoire, un petit bureau et une jolie plante. Dans le salon, il y a une télévision, un grand bureau pour travailler et une petite table.

Questions :

a.   Où est la télévision ?

b.   Dans la chambre, est-ce qu'il y a une grande armoire ?

c.   Où est le grand bureau ?

d.   Le petit bureau est dans le salon ?

e.   Qu'est-ce qu'il y a dans la chambre ?

Leçon 8 (*CO7 - page 39*)

① Damien a une voiture noire, elle est bien mais un peu vieille. Son ami, lui, a une voiture blanche ; elle est belle et spacieuse.

Questions :

a.   La voiture de Damien est comment ?

b.   De quelle couleur est la voiture de son ami ?

c.   La voiture de son ami est spacieuse ?

d.   Est-ce que la voiture de Damien est neuve ?

② Le drapeau italien est vert, blanc et rouge.

Question : De quelles couleurs est le drapeau italien ?

③ Le drapeau belge est noir, jaune et rouge.

Question : Est-ce que le drapeau belge est noir, blanc et rouge ?

④ Le drapeau suisse est rouge avec une croix blanche.

Question : De quelle couleur est la croix ?

⑤ « Exemple : Je ne travaille pas parce que je suis malade. Comme je suis malade, je ne travaille pas. »

J'habite à Paris parce que j'aime la tour Eiffel.

Question : Comme...

⑥ Je vais dîner au restaurant parce que c'est mon anniversaire.

Question : Comme...

⑦ Je ne vais pas au Louvre parce que je n'aime pas les musées.

Question : Comme...

Leçon 9 (*CO8 - page 43*)

① Aujourd'hui, je suis très occupé. Ce matin, d'abord je vais à la boulangerie, et ensuite au marché. Cet après-midi, je vais à la banque et chez le dentiste.

Enfin, ce soir je vais au cinéma avec mes enfants. Quel programme !

Questions :

a.   Ce matin, qu'est-ce qu'il fait ?

b.   Est-ce qu'il va à la boulangerie cet après-midi ?

c.   Il fait quoi cet après-midi ?

d.   Il va au cinéma quand ?

e.   Il va au cinéma avec qui ?

② (Un homme et une femme discutent)

H : Ah, bonjour Sarah, comment vas-tu ?

F : Salut Fabien, ça va et toi ?

H : Cette semaine je pars en Espagne.

F : Oh, c'est bien. Tu vas où, en Espagne ?

H : À Valence, tu connais ?

F : Non, je ne connais pas. Je connais seulement Barcelone.

(...) Et tu parles espagnol ?

H : Juste un peu. Je vais chez mon ami espagnol. Il s'appelle Alfonso.

Questions :

a.   Comment s'appelle la femme ?

b.   Et l'homme, il s'appelle comment ?

c.   Qui part en voyage ?

d.   Il part en Italie ?

e.   Il va où, en Espagne ?

f.   Quand est-ce qu'il part ?

g.   Est-ce que Sarah connaît Valence ?

h.   Est-ce que Fabien parle bien espagnol ?

i.   Qui est Alfonso ?

Leçon 10 (CO9 - page 47)

① (Deux personnes discutent)

H : Qu'est-ce que tu veux pour ton anniversaire ?

F : Euh... je voudrais bien un nouveau vélo.

H : D'accord. Et tu veux un vélo de quelle couleur ?

F : Un grand vélo bleu !

Questions :

a.   Qu'est-ce que la petite fille veut pour son anniversaire ?

b.   Elle veut un vélo de quelle couleur ?

② Ahh... l'année prochaine ? Alors euh, je voudrais partir en vacances à l'étranger. Je veux visiter Paris, Rome et Londres.

Et puis je voudrais aussi goûter la cuisine locale.

Questions :

a.   Où est-ce qu'elle veut partir l'année prochaine ?

b.   Elle veut visiter Berlin ?

c.   Elle veut visiter quelles villes ?

d.   Qu'est-ce qu'elle voudrait goûter ?

③ (Deux amis parlent ensemble)

F : Tiens, Victor, tu connais Lucie ?

H : Lucie ? Euh... c'est qui ?

F : C'est ma cousine.

H : Ah d'accord. Elle a quel âge ?

F : Euh... ah... je ne sais pas quel âge elle a.

H : Tu ne connais pas son âge ?

F : Ahh... non, désolée.

Questions :

a.   Est-ce que Victor connaît Lucie ?

b.   Qui est Lucie ?

c.   Est-ce que la femme sait quel âge a Lucie ?

d.   Lucie a quel âge ?

Leçon 11 (CO10 - page 51)

① a. 45   b. 12   c. 24   d. 39   e. 58   f. 7   g. 37
h. 15   i. 60   j. 21   k. 43   l. 55   m. 3

② Alors, sur la table, il y a 6 livres, 10 stylos, 7 crayons, 8 cahiers, un ordinateur et une tablette.
Question : Qu'est-ce qu'il y a sur la table ?

③ Alors, dans la file, il y a 50 personnes : 21 femmes et 29 hommes.
Questions :

a.   Il y a combien de personnes dans la file ?

b.   Il y a combien d'hommes et combien de femmes ?

④
a.   Le train de 19 h 25 part voie 2.

b.   Le train de 20 h 50 part voie 3.

c.   Le train de 16 h 30 part voie 6.

d.   Le train de 14 h 40 part voie 5.

⑤ Un café coûte 3 euros, un croissant 2 euros, un pain au chocolat 2 euros également, et une baguette 1 euro.
Et une bûche de Noël coûte 35 euros.

Leçon 12 (CO11 - page 55)

① Monsieur Bertrand habite au troisième étage. Madame Louis habite au dernier étage. Les Jacquet habitent au rez-de-chaussée. Noémie habite au deuxième étage. Et moi, je suis au premier.
Questions :

a.   Où habite madame Louis ?

b.   Où habite Noémie ?

c.   Est-ce que monsieur Bertrand habite au deuxième étage ?

d.   Les Jacquet habitent où ?

e.   Qui habite au premier étage ?

②
a.   Quel est le premier jour de la semaine ?

b.   Samedi, c'est le sixième jour de la semaine ?

c.   Mardi, c'est le troisième jour de la semaine ?

d.   Quel est le septième jour de la semaine ?

e.   Quel est le cinquième jour de la semaine ?

③ a. 3,50 €   b. 6,90 €   c. 18,20 €   d. 199 €   e. 548 €
   f. 1,70 €   g. 1400 €   h. 83,40 €   i. 15,10 €

④ -Bonjour monsieur, je vais prendre le journal, un magazine de sport, et un ticket de Loto.
Ça fait combien ?
-Alors, le journal coûte 2,90 euros, le magazine est à 5,60 euros, et le Loto c'est 2,20 euros.
Au total, ça fait... (le prix total n'est pas dit)
Questions :
a.   Qu'est-ce que la cliente va prendre ?
b.   Combien coûte le journal ?
c.   Le magazine coûte 6 euros ?
d.   Le ticket de Loto coûte combien ?
e.   Au total, ça fait combien ?

Leçon 13 (CO12 - page 59)

① Bonjour à tous, nous sommes le 18 octobre. Voici le temps d'aujourd'hui sur toute la France :
à Paris, il fait beau, il fait 18 degrés.
À Marseille, il fait beau aussi, 21 degrés.
Dans le sud-ouest, à Bordeaux et à Toulouse, il pleut un peu, mais il ne fait pas froid : 19 degrés.
Dans le nord, il y a des nuages : il fait 12 degrés à Lille, et 13 à Rennes.
Questions :
a.   Quelle est la température à Marseille ?
b.   Il fait combien à Paris ?
c.   Est-ce qu'il fait beau à Toulouse ?
d.   Est-ce qu'il fait 15 degrés à Rennes ?
e.   Quel temps fait-il à Lille ?

② (une dame est sur le point de sortir de chez elle avec son fils Nicolas)

Maman : Ah, il neige ! Nicolas, tu mets tes bottes s'il te plaît ! Et ton gros manteau.
Nicolas : D'accord maman, je prends les bottes bleues ou les noires ?
Maman : Les bleues, c'est très bien. Moi, je mets mon écharpe. Ah, et mes gants aussi !
Nicolas : Et on prend un parapluie ?
Questions :
a.   Quel temps fait-il ?
b.   Comment s'appelle le garçon ?
c.   Qu'est-ce que Nicolas met ?
d.   Nicolas prend les bottes bleues ou noires ?
e.   La maman met quoi ?
f.   Est-ce qu'ils prennent un parapluie ?

Leçon 14 (CO13 - page 63)

① Dans mon appartement, il y a un salon, une chambre, une cuisine et une salle de bains.
Le salon est en face de la chambre. La cuisine est à gauche du salon. Et la salle de bains est au
bout du couloir. Il n'y a pas de balcon dans l'appartement.
Questions :
a.   Dans son appartement, combien de pièces est-ce qu'il y a ?

b.   Est-ce qu'il y a un balcon ?
c.   Où est le salon ?
d.   Où se trouve la cuisine ?
e.   Quelle pièce est au bout du couloir ?

② Dans ma chambre, j'ai un bureau. Devant le bureau, il y a une chaise. Sur la chaise, il y a ma veste. L'ordinateur est sur le bureau, et à côté, il y a des livres. Derrière le bureau, il y a une fenêtre.
Questions :
a.   Où est le bureau ?
b.   Qu'est-ce qu'il y a sur le bureau ?
c.   Est-ce que la veste est sur le bureau ?
d.   Où sont les livres ?
e.   Qu'est-ce qu'il y a derrière le bureau ?

③ Dans mon village, il y a une église, une mairie, une boulangerie et un café. C'est un petit village. L'église est au centre du village. La mairie est à droite de l'église, et la boulangerie est à gauche de l'église. Le café se trouve en face de la boulangerie.
Questions :
a.   Qu'est-ce qu'il y a dans le village ?
b.   Est-ce qu'il y a une banque dans le village ?
c.   C'est un grand village ?
d.   Où se trouve l'église ?
e.   Où est la boulangerie ?
f.   La mairie est en face de l'église ?

④ (Deux lycéens discutent)
-Salut Tom, tu vas à l'école comment ?
-Aujourd'hui, j'y vais à pied mais d'habitude je prends le bus. Et toi Léo ?
-Moi, j'y vais à vélo.
Questions :
a.   Comment s'appellent les deux garçons ?
b.   Où est-ce qu'ils vont ?
c.   Tom va à l'école comment aujourd'hui ?
d.   Et d'habitude, il y va comment ?
e.   Et Léo, il y va en métro ?

Leçon 15 (CO14 - page 67)

①
Ma journée ? Ah ben écoutez, le matin, je me lève à 6 h 45 (sept heures moins le quart), je me douche, je me maquille, et je pars au travail à 8 h. Le soir, je rentre à la maison à 18 h (dix-huit heures), et je me couche vers 22 h 30 (vingt-deux heures trente) en général. Et vous ?
Questions :
a.   Le matin, elle se lève à quelle heure ?
b.   Qu'est-ce qu'elle fait ensuite ?
c.   Elle part au travail à 9 h ?
d.   À quelle heure est-ce qu'elle rentre à la maison ?
e.   Le soir, qu'est-ce qu'elle fait à 22 h 30 (dix heures et demie) ?

② (Deux jeunes filles discutent)

-Salut Sandrine, on se voit à quelle heure demain soir ?

-Le film commence à 19 h 45 (dix-neuf heures quarante-cinq), on se donne rendez-vous à 18 h 30 (six heures et demie) et on mange quelque chose ensemble avant le film.
Tu es d'accord ?

-Ok, ça marche ! On se recontacte demain alors, ciao.

-Salut, oui à demain.

Questions :

a.   Sandrine et son amie vont où demain soir ?

b.   Elles se donnent rendez-vous à quelle heure ?

c.   Est-ce que le film commence à 20 h ?

d.   Qu'est-ce qu'elles font avant le film ?

e.   Elles se recontactent quand ?

Leçon 16 *(CO15 - page 71)*

①

a.   Je suis Marc, j'ai 35 ans. Je fais 1,80 m et 90 kilos.

b.   Mon ami Julien a 38 ans. Il fait 1,75 m et 90 kilos.

②

a.   Je gagne 2000 euros par mois, et je travaille 35 heures par semaine.

b.   Mon ami Julien gagne 1800 euros par mois, et il travaille 39 heures par semaine.

③

a.   À Lyon, il y a 520 000 habitants. Il y a 28 musées, et il pleut 160 jours par an.

b.   À Lille, il y a 230 000 habitants. Il y a 7 musées, et il pleut 180 jours par an.

Leçon 17 *(CO16 - page 75)*

① (Une femme raconte son dimanche)

Dimanche dernier, j'ai déjeuné avec mon amie au restaurant. Nous avons mangé italien : moi, j'ai pris des spaghettis à la bolognaise, et mon amie a pris une pizza Margherita. On a payé 20 euros chacune.

Questions :

a.   Dimanche dernier, qu'est-ce que la femme a fait ?

b.   Elle et son amie, elles ont mangé français ?

c.   Qu'est-ce qu'elles ont mangé ?

d.   Elles ont payé combien ?

② (Un homme raconte sa semaine)

Lundi, j'ai travaillé toute la journée.

Mardi, j'ai eu mon cours d'espagnol.

Mercredi, j'ai dîné avec des collègues.

Jeudi, je n'ai pas travaillé.

Vendredi, j'ai fait les courses au supermarché.

Et ce week-end, je n'ai rien fait de spécial.

Questions : Qu'est-ce qu'il a fait cette semaine ?

③ (Une fille raconte sa journée)

Ce matin, j'ai reçu un message de mon copain. Il a eu un accident de voiture, donc j'ai dû aller à l'hôpital. J'ai pris le bus pour aller à l'hôpital, mais j'ai perdu mon téléphone dans le bus.
Ah… j'ai passé une très mauvaise journée, mais… mon copain va bien. Ouf !

Questions :

a.   Elle a reçu un message de qui ?
b.   Son copain a eu un accident de vélo ?
c.   Elle a dû aller où ?
d.   Qu'est-ce qu'elle a pris pour aller à l'hôpital ?
e.   Est-ce qu'elle a perdu son téléphone ?
f.   Elle a passé une bonne journée ?
g.   Comment va son copain ?

Leçon 18 (CO17 - page 79)

① (Une personne parle de son père)

Pendant les vacances, mon père a beaucoup voyagé : d'abord il est allé en Allemagne. Il est resté deux semaines pour son travail. Ensuite, il est parti au Sénégal pour voir des amis pendant dix jours. Enfin, il est passé en Espagne chez ma tante.
Il est rentré à la maison avant-hier.

Questions :

a.   Qu'est-ce que son père a fait pendant les vacances ?
b.   D'abord, où est-il allé ?
c.   Combien de temps est-ce qu'il est resté ?
d.   Ensuite, est-ce qu'il est parti au Portugal ?
e.   Qu'est-ce qu'il est allé faire au Sénégal ?
f.   Enfin, où est-ce qu'il est allé ?
g.   Quand est-il rentré ?

② (Un jeune homme raconte son samedi soir)

Samedi soir, je suis allé au ciné avec ma copine. Elle aime beaucoup les films de science-fiction donc nous sommes allés voir le nouveau Star Wars. On est partis de la maison à 18 h et on est arrivés au cinéma à 18 h 30. Après le film, on est passés chez McDo, et on est rentrés juste après, vers 22 h 30.

Questions :

a.   Avec qui est-il allé au cinéma ?
b.   Pourquoi est-ce qu'ils sont allés voir un film de science-fiction ?
c.   Quel film sont-ils allés voir ?
d.   Ils sont partis de la maison à 19 h ?
e.   À quelle heure sont-ils arrivés au cinéma ?
f.   Où sont-ils allés après le film ?
g.   Quand sont-ils rentrés ?

③ (Une fille parle)

Hier soir, je me suis couchée vers minuit, et ce matin je me suis levée à 6h. J'ai pris mon petit-déjeuner et ensuite je me suis douchée. À 6 h 45, je me suis préparée : je me suis maquillée, je me suis coiffée, et je me suis parfumée. Et puis à 7 h 20, je suis partie travailler.

Questions :

a. À quelle heure s'est-elle couchée hier soir ?
b. Ce matin, est-ce qu'elle s'est levée tôt ?
c. Qu'est-ce qu'elle a fait après le petit-déjeuner ?
d. À 6 h 45, elle a fait quoi ?
e. Est-ce qu'elle est partie travailler à 7 h 30 ?

④ Tout à l'heure, j'ai déjeuné avec un camarade de classe. On s'est donné rendez-vous à midi, mais il est arrivé à 12 h 15. On est allés à la crêperie : j'ai pris une galette bretonne, et mon ami a juste pris une crêpe sucrée. On s'est raconté beaucoup de choses, c'était bien sympa !

Questions :

a. Avec qui a-t-il déjeuné ?
b. À quelle heure se sont-ils donné rendez-vous ?
c. Son ami est arrivé à midi ?
d. Ils sont allés manger où ?
e. Qu'est-ce qu'ils ont commandé ?
f. Qu'est-ce qu'ils se sont raconté ?
g. C'était comment ?

Leçon 19 (CO18 - page 83)

① Je suis un homme très occupé. Le lundi, je fais de la natation. Deux fois par semaine, le mardi et le samedi soir, je fais du piano. Ah et aussi, je fais du dessin dans un club, tous les dimanches.

Questions :

a. Qu'est-ce qu'il fait le lundi ?
b. Est-ce qu'il fait du violon ?
c. Il fait du piano quand ?
d. Quelle activité fait-il dans un club ?
e. Il fait du dessin quel jour ?

②

« Exemple : Le garçon fait du foot ? Oui, il en fait. Non, il n'en fait pas. »

Questions :

a. Elle fait de la guitare ?
b. Tu manges du chocolat ?
c. On fait du tennis ?
d. Ils lisent des magazines ?
e. Elle a des frères ?
f. Nous avons du travail ?

③

« Exemple : Il y a du lait ? Non, il n'y a plus de lait. »

Questions :

a. Il y a du pain ?
b. Il y a de la confiture ?
c. Il y a des céréales ?
d. Tu as encore de l'argent ?
e. Vous avez du temps ?
f. Vous buvez de l'alcool ?

Leçon 20 (CO19 - page 87)

① (Message d'une femme sur le répondeur)

Bonjour chéri, ça va ? Dis voir, tu peux faire les courses pour le dîner, s'il te plaît ?

Il nous faut du beurre, six œufs, des tomates, deux paquets de pâtes et trois tranches de jambon.

Ah, et aussi une grande bouteille d'eau, si possible. Merci, à ce soir. Je t'aime !

Questions :

a. La femme téléphone à qui ?
b. Qu'est-ce que l'homme doit faire ?
c. Il faut combien d'œufs ?
d. Il faut combien de tranches de jambon ?
e. Il doit acheter du pâté ?
f. Qu'est-ce qu'il faut acheter ? (6 choses pour la réponse)

② (Un homme et une femme discutent de leurs activités)

H : Tu fais souvent du tennis ?

F : J'en fais une fois par semaine, le dimanche. Et toi ?

H : Moi, je n'en fais pas. Mais je fais de la natation, tous les mercredis soir, après le travail.

F : Ah, bien. J'aime bien nager aussi, mais je n'ai pas beaucoup de temps pour aller à la piscine.

Questions :

a. Quels sports font la femme et l'homme ?
b. Est-ce que la femme fait souvent du tennis ?
c. Est-ce que l'homme fait du tennis ?
d. Il fait de la natation tous les mardis soir ?
e. Est-ce que la femme aime nager ?
f. Elle va souvent à la piscine ?

③ (Un homme parle de ses activités)

Un journaliste : Quelles sont vos activités le dimanche ?

L'homme : Le matin, de 10 heures à 11 heures trente, je joue de la guitare. L'après-midi, je joue aux échecs avec mes petits-enfants. Et le soir, je fais un peu de yoga pour me relaxer avant de dormir.

Le journaliste : Je vous remercie, monsieur.

Questions :

a. L'homme est occupé le dimanche ?
b. Est-ce que l'homme est jeune ?
c. Le matin, qu'est-ce qu'il fait ?
d. Il en joue de quelle heure à quelle heure ?
e. L'après-midi, il joue à quoi ?
f. Il y joue avec qui ?
g. Est-ce qu'il fait du karaté le soir ?
h. Pourquoi est-ce qu'il fait du yoga ?

Leçon 21 *(CO20 - page 91)*

① (Un homme et une femme discutent)

H : L'été dernier, je suis allé au Japon. J'ai visité Tokyo. Et toi, tu es déjà allée au Japon ?

F : Oui, j'y suis allée il y a 2 ans, c'était vraiment super, j'ai assisté à un match de sumo. Et toi, tu as déjà vu du sumo ?

H : Non, je n'en ai jamais vu, c'était comment ?

F : C'était intéressant.

Questions :

a.   Où est-il allé et quand ?

b.   Est-il allé à Kyoto ?

c.   Est-ce que la femme est déjà allée au Japon ?

d.   Quand est-ce qu'elle est allée au Japon ?

e.   Elle a assisté à un match de kendo ?

f.   Est-ce que l'homme a déjà vu du sumo ?

g.   Le sumo, c'était comment ?

②

a.   Est-ce que vous avez déjà mangé des escargots ?

b.   Est-ce que vous êtes déjà allé au Mont Saint-Michel ?

c.   Avez-vous déjà visité la ville de Bordeaux ?

d.   Vous avez déjà fait de l'escalade ?

e.   Est-ce que vous avez déjà étudié l'espagnol ?

③ Exemple :

« Question type A » Vous allez où ?

« Question type B » Où est-ce que vous allez ?

« Question type C » Où allez-vous ? »

Questions :

1.   **« Question type A »** Vous habitez où ?

2.   **« Question type B »** Est-ce que vous aimez le fromage ?

3.   **« Question type C »** Avez-vous une voiture ?

4.   **« Question type A »** Vous vous appelez comment ?

5.   **« Question type C »** À quelle heure part-il ?

6.   **« Question type B »** Qu'est-ce qu'elle dit ?

7.   **« Question type A »** Tu vas au parc avec qui ?

8.   **« Question type B »** Quand est-ce qu'on va au cinéma ?

Leçon 22 *(CO21 - page 95)*

① « Exemple : Est-ce que vous lisez le journal ?

Oui, je le lis.   Non, je ne le lis pas. »

Questions :

a.   Il regarde la télévision ?

b.   Est-ce que tu fais les courses ?

c.   Vous faites souvent le ménage ?

d.   Elles écoutent la radio ?

e.   Vous avez votre carte ?

f.   Tu connais cette femme ?

② « Exemple : Il vous appelle demain ?
Oui, il m'appelle demain. Non, il ne m'appelle pas demain. »
Questions :
a.   Vous m'écoutez ?
b.   Il t'attend à la gare ?
c.   Tu nous invites à ta fête ?
d.   Excusez-moi, est-ce que je vous dérange ?
e.   Il vous connaît ?

③ « Exemple : Est-ce que tu téléphones à ta mère ?
Oui, je lui téléphone. Non, je ne lui téléphone pas. »
Questions :
a.   Est-ce que tu écris à ton père ?
b.   Est-ce qu'il téléphone à ses amis ?
c.   Vous dites bonjour à vos voisins ?
d.   Ils posent une question au professeur ?
e.   On offre des chocolats à nos collègues ?

④ « Exemple : Il vous téléphone demain ?
Oui, il me téléphone demain. Non, il ne me téléphone pas demain. »
Questions :
a.   Tu m'offres le repas ?
b.   Vous me prêtez ce livre ?
c.   Il te raconte une histoire ?
d.   Elle nous envoie un mail ?
e.   Il vous demande le chemin ?

⑤ « Exemple : Est-ce que vous avez lu le journal ?
Oui, je l'ai lu. Non, je ne l'ai pas lu. »
Questions :
a.   Il a regardé la télévision ?
b.   Il vous a invité ?
c.   Elles ont écouté les informations ?
d.   Il a téléphoné à ses amis ?
e.   Tu as connu ce chanteur ?
f.   Elle a écrit à son patron ?
g.   Vous m'avez répondu ?

Leçon 23 (CO22 - page 99)

①
a.   Qu'est-ce que vous allez faire demain ?
b.   Est-ce que vous allez faire les courses ce soir ?
c.   Vous allez aller en France le mois prochain ?
d.   Vous allez travailler la semaine prochaine ?

②
a.   Qu'est-ce que vous êtes en train de faire ?
b.   Est-ce que vous êtes en train de manger ?

c. Votre professeur est en train de dormir ?

③

a. Qu'est-ce que vous venez de faire avant la leçon ?
b. Est-ce que vous venez de vous lever ?
c. Est-ce que l'année vient de commencer ?

④

(un homme parle)
Il est 7 h du matin, et je viens de me lever. J'ai passé une bonne nuit.
Là, je suis en train de prendre mon petit-déjeuner : une tartine avec de la confiture.
Et je vais préparer le café dans quelques minutes.

Questions :
a. Quelle heure est-il ?
b. Est-ce qu'il a passé une bonne nuit ?
c. Qu'est-ce qu'il vient de faire ?
d. Que va-t-il faire dans quelques minutes ?
e. Qu'est-ce qu'il est en train de manger ?

⑤ « Exemple : Vous venez de faire le ménage ? Oui, je viens de le faire. »
a. Il vient de prendre le petit-déjeuner ?
b. Est-ce que vous allez faire du sport aujourd'hui ?
c. Tu es en train de regarder la télé ?
d. Est-ce qu'elles vont aller en France cette année ?
e. Vous êtes en train de faire les valises ?
f. Est-ce que votre fille vient de finir le lycée ?
g. Elle va entrer à l'université ?

 ## Les heures

1 h 00 une heure	2 h 00 deux heures	3 h 00 trois heures	4 h 00 quatre heures	5 h 00 cinq heures	6 h 00 six heures
7 h 00 sept heures	8 h 00 huit heures	9 h 00 neuf heures	10 h 00 dix heures	11 h 00 onze heures	12 h 00 *midi*
13 h 00 treize heures	14 h 00 quatorze heures	15 h 00 quinze heures	16 h 00 seize heures	17 h 00 dix-sept heures	18 h 00 dix-huit heures
19 h 00 dix-neuf heures	20 h 00 vingt heures	21 h 00 vingt et une heures	22 h 00 vingt-deux heures	23 h 00 vingt-trois heures	00 h 00 *minuit*

Quelle heure est-il ? / Il est quelle heure ?   Il est…

	24	12
13 h 00	treize heures	une heure
13 h 05	treize heures cinq	une heure cinq
13 h 10	treize heures dix	une heure dix
13 h 15	treize heures quinze	une heure **et quart**
13 h 20	treize heures vingt	une heure vingt
13 h 25	treize heures vingt-cinq	une heure vingt-cinq
13 h 30	treize heures trente	une heure **et demie**
13 h 35	treize heures trente-cinq	deux heures moins vingt-cinq
13 h 40	treize heures quarante	deux heures moins vingt
13 h 45	treize heures quarante-cinq	deux heures **moins le quart**
13 h 50	treize heures cinquante	deux heures moins dix
13 h 55	treize heures cinquante-cinq	deux heures moins cinq

à quelle heure… ?   … à 18 h 00
à partir de quelle heure ?   … **à partir de** 18 h 00
jusqu'à quelle heure ?   … **jusqu'à** 22 h 00
de quelle heure **à** quelle heure ?   … **de** 18 h 00 **à** 22 h 00

Les jours

lundi	vendredi
mardi	samedi
mercredi	dimanche
jeudi	

Les mois

janvier	mai	septembre
février	juin	octobre
mars	juillet	novembre
avril	août	décembre

Les saisons

le printemps / au printemps
l'été / en été
l'automne / en automne
l'hiver / en hiver

La chronologie

avant-hier	hier	aujourd'hui	demain	après-demain
matin après-midi soir	matin après-midi soir	ce matin cet après-midi ce soir	matin après-midi soir	matin après-midi soir
il y a deux semaines	la semaine dernière	cette semaine	la semaine prochaine	dans deux semaines
il y a deux mois	le mois dernier	ce mois-ci	le mois prochain	dans deux mois
il y a deux ans	l'année dernière	cette année	l'année prochaine	dans deux ans

il y a : Je suis allé en France **il y a** deux ans.

dans : Je vais aller en France **dans** deux ans.

depuis : J'habite en France **depuis** deux ans.

pendant : J'ai habité en France **pendant** deux ans.

La phrase interrogative

[A]	[B]	[C]
Vous êtes français ?	Est-ce que vous êtes français ?	Êtes-vous français ?
Vous cherchez *qui* ?	*Qui* est-ce que vous cherchez ?	*Qui* cherchez-vous ?
Vous mangez **quoi** ?	**Qu'est-ce que** vous mangez ?	**Que** mangez-vous ?
Vous habitez *où* ?	*Où* est-ce que vous habitez ?	*Où* habitez-vous ?
Vous partez *quand* ?	*Quand* est-ce que vous partez ?	*Quand* partez-vous ?
Vous venez *comment* ?	*Comment* est-ce que vous venez ?	*Comment* venez-vous ?
Vous étudiez *pourquoi* ?	*Pourquoi* est-ce que vous étudiez ?	*Pourquoi* étudiez-vous ?
Vous avez *quel âge* ?	*Quel âge* est-ce que vous avez ?	*Quel âge* avez-vous ?
Vous dînez *avec qui* ?	*Avec qui* est-ce que vous dînez ?	*Avec qui* dînez-vous ?
Vous venez *à quelle heure* ?	*À quelle heure* est-ce que vous venez ?	*À quelle heure* venez-vous ?
Vous avez *combien d'enfants* ?	*Combien* d'enfants est-ce que vous avez ?	*Combien* d'enfants avez-vous ?

Les pronoms

Pronoms sujets	Pronoms réfléchis	Pronoms toniques
je parle	je **me** lave	Il vient chez **moi**
tu parles	tu **te** laves	Il parle avec **toi**
il parle	il **se** lave	C'est pour **lui**
elle parle	elle **se** lave	C'est pour **elle**
on parle	on **se** lave	---------
nous parlons	nous **nous** lavons	Vous venez avec **nous** ?
vous parlez	vous **vous** lavez	Je peux venir chez **vous** ?
ils parlent	ils **se** lavent	Je vais chez **eux**
elles parlent	elles **se** lavent	Je vais chez **elles**

Pronoms COD	Pronoms COI
Il **me** voit	Il **me** donne
Il **te** voit	Il **te** donne
Je **le** vois	Je **lui** donne
Tu **la** vois	Tu **lui** donnes
Il **nous** voit	Il **nous** donne
Elle **vous** voit	Elle **vous** donne
Je **les** vois	Je **leur** donne

Les adjectifs possessifs

	Masculin	Féminin	Pluriel
je	**mon** vélo	**ma** carte	**mes** lunettes
tu	**ton** vélo	**ta** carte	**tes** lunettes
il / elle	**son** vélo	**sa** carte	**ses** lunettes
nous	**notre** vélo	**notre** carte	**nos** lunettes
vous	**votre** vélo	**votre** carte	**vos** lunettes
ils / elles	**leur** vélo	**leur** carte	**leurs** lunettes

C'est **ton** vélo ?   Oui, c'est **mon** vélo. C'est <u>à moi</u>.
C'est **votre** téléphone ?   Non, ce n'est pas **mon** téléphone.
                                                C'est **son** téléphone. C'est <u>à lui</u>.

⚠️ C'est ~~ma~~ amie.   ➡ C'est mon amie.
    C'est ~~ta~~ adresse.   ➡ C'est ton adresse.

Conjugaison des verbes principaux

présent / passé composé

ÊTRE	présent	passé composé
je / j'	**suis**	**ai été**
tu	es	as été
il / elle / on	**est**	**a été**
nous	sommes	avons été
vous	**êtes**	**avez été**
ils / elles	sont	ont été

AVOIR	présent	passé composé
j'	**ai**	**ai eu**
tu	as	as eu
il / elle / on	**a**	**a eu**
nous	avons	avons eu
vous	**avez**	**avez eu**
ils / elles	ont	ont eu

ALLER	présent	passé composé
je	**vais**	**suis allé(e)**
tu	vas	es allé(e)
il / elle / on	**va**	**est allé(e)**
nous	allons	sommes allé(e)s
vous	**allez**	**êtes allé(e)(s)**
ils / elles	vont	sont allé(e)s

FAIRE	présent	passé composé
je / j'	**fais**	**ai fait**
tu	fais	as fait
il / elle / on	**fait**	**a fait**
nous	faisons	avons fait
vous	**faites**	**avez fait**
ils / elles	font	ont fait

AIMER	présent	passé composé
j'	**aime**	**ai aimé**
tu	aimes	as aimé
il / elle / on	**aime**	**a aimé**
nous	aimons	avons aimé
vous	**aimez**	**avez aimé**
ils / elles	aiment	ont aimé

SE COUCHER	présent	passé composé
je	**me couche**	**me suis couché(e)**
tu	te couches	t'es couché(e)
il / elle / on	**se couche**	**s'est couché(e)**
nous	nous couchons	nous sommes couché(e)s
vous	**vous couchez**	**vous êtes couché(e)(s)**
ils / elles	se couchent	se sont couché(e)s

FINIR	présent	passé composé
je / j'	**finis**	**ai fini**
tu	finis	as fini
il / elle / on	**finit**	**a fini**
nous	finissons	avons fini
vous	**finissez**	**avez fini**
ils / elles	finissent	ont fini

PRENDRE	présent	passé composé
je / j'	**prends**	**ai pris**
tu	prends	as pris
il / elle / on	**prend**	**a pris**
nous	prenons	avons pris
vous	**prenez**	**avez pris**
ils / elles	prennent	ont pris

CONNAÎTRE

	présent	passé composé
je / j'	connais	ai connu
tu	connais	as connu
il / elle / on	connaît	a connu
nous	connaissons	avons connu
vous	connaissez	avez connu
ils / elles	connaissent	ont connu

SAVOIR

	présent	passé composé
je / j'	sais	ai su
tu	sais	as su
il / elle / on	sait	a su
nous	savons	avons su
vous	savez	avez su
ils / elles	savent	ont su

POUVOIR

	présent	passé composé
je / j'	peux	ai pu
tu	peux	as pu
il / elle / on	peut	a pu
nous	pouvons	avons pu
vous	pouvez	avez pu
ils / elles	peuvent	ont pu

VOULOIR

	présent	passé composé
je / j'	veux	ai voulu
tu	veux	as voulu
il / elle / on	veut	a voulu
nous	voulons	avons voulu
vous	voulez	avez voulu
ils / elles	veulent	ont voulu

DEVOIR

	présent	passé composé
je / j'	dois	ai dû
tu	dois	as dû
il / elle / on	doit	a dû
nous	devons	avons dû
vous	devez	avez dû
ils / elles	doivent	ont dû

VOIR

	présent	passé composé
je / j'	vois	ai vu
tu	vois	as vu
il / elle / on	voit	a vu
nous	voyons	avons vu
vous	voyez	avez vu
ils / elles	voient	ont vu

BOIRE

	présent	passé composé
je / j'	bois	ai bu
tu	bois	as bu
il / elle / on	boit	a bu
nous	buvons	avons bu
vous	buvez	avez bu
ils / elles	boivent	ont bu

DIRE

	présent	passé composé
je / j'	dis	ai dit
tu	dis	as dit
il / elle / on	dit	a dit
nous	disons	avons dit
vous	dites	avez dit
ils / elles	disent	ont dit

VENIR

	présent	passé composé
je	viens	suis venu(e)
tu	viens	es venu(e)
il / elle / on	vient	est venu(e)
nous	venons	sommes venu(e)s
vous	venez	êtes venu(e)s
ils / elles	viennent	sont venu(e)s

PARTIR

	présent	passé composé
je	pars	suis parti(e)
tu	pars	es parti(e)
il / elle / on	part	est parti(e)
nous	partons	sommes parti(e)s
vous	partez	êtes parti(e)s
ils / elles	partent	sont parti(e)s

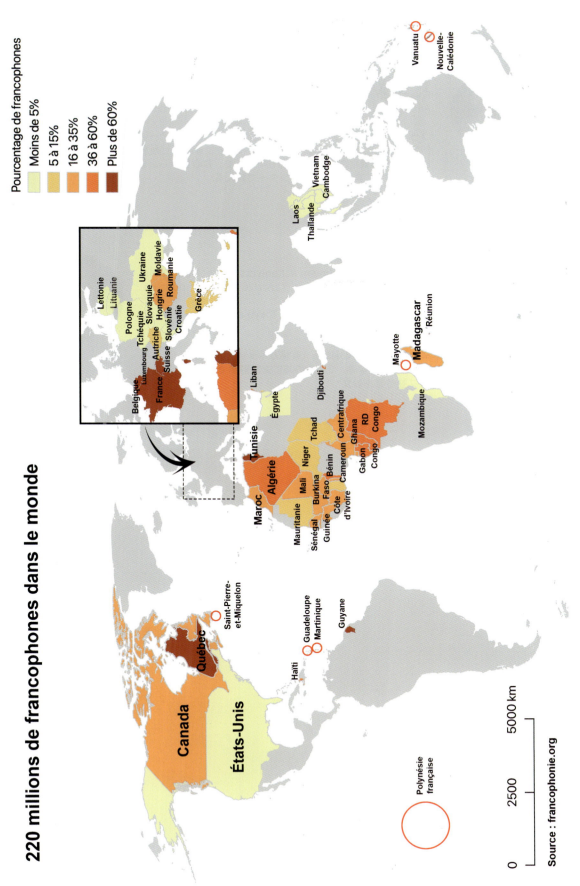

VINCENT CHARDONNEREAU（ヴァンソン・シャードンロー）

Originaire d'une petite ville du Loiret (région Centre).
Diplômé d'un DUT Informatique en 1999 puis venu à Tokyo en 2003.
Formation FLE et examinateur-correcteur DELF/DALF.
Enseignant de la langue française dans divers établissements à Tokyo

フランス中部，ロワール地方出身．1999年にフォンテーヌブローテクノロジ専門学校卒業．2003年に来日，フランス語教授資格修士号を取得（FLE），DELF-DALF試験官資格あり．講師歴20年以上で，初心者から上級者まで，フランス語教師として語学学校や文化センターで教える．

GRÉGORY SCHMITT（グレゴリ・シュミット）

Originaire de Thionville (région Lorraine).
Diplômé d'une licence LEA anglais/italien à l'université de Metz, puis d'un Master 1 de japonais à l'université Paris 7. Arrivé au Japon pour un échange universitaire à Kobe en 2006.
Directeur de l'école de français *École Ciel Bleu* à Tokyo depuis 2011.

フランス東北部にある，ロレーヌ地方出身．
2004年にメッス大学卒業．専攻は応用外国語（英語とイタリア語）．
2007年にパリ第7大学日本語学科卒業．3年生の時に交換留学で来日し，2011年に東京品川区でフランス語教室を設立．

Illustrations : « La Cerise »
Maquette : Judith Cotelle - judi-design.jp/fr/

Remerciements : Un grand merci à Bénédicte, Émilie, Koémi, Nicolas et Magali pour nous avoir prêté leur voix, ainsi qu'à Raymond et Tomoe pour leur aide précieuse.

C'est parti !

セ・パルティ！

2025年2月1日　初版1刷発行

著　者　　　Vincent CHARDONNEREAU
　　　　　　Grégory SCHMITT

装丁　　　　小熊未央
印刷・製本　株式会社フォレスト

発行　　　　駿河台出版社
　　　　　　〒101-0062　東京都千代田区神田駿河台3-7
　　　　　　TEL：03-3291-1676　FAX：03-3291-1675
　　　　　　www.e-surugadai.com

発行人　　　上野 名保子

許可なしに転載，複製することを禁じます．落丁本，乱丁本はお取り替えいたします．
Printed in Japan　ISBN978-4-411-00932-6　C1085
© Vincent CHARDONNEREAU, Grégory SCHMITT 2025